Laetitia Carreras

Travailleuses domestiques sans autorisation de séjour

Laetitia Carreras

Travailleuses domestiques sans autorisation de séjour

Invisibilités multiples et stratégies de résistance

Éditions universitaires européennes

Impressum / Mentions légales
Bibliografische Information der Deutschen Nationalbibliothek: Die Deutsche Nationalbibliothek verzeichnet diese Publikation in der Deutschen Nationalbibliografie; detaillierte bibliografische Daten sind im Internet über http://dnb.d-nb.de abrufbar.
Alle in diesem Buch genannten Marken und Produktnamen unterliegen warenzeichen-, marken- oder patentrechtlichem Schutz bzw. sind Warenzeichen oder eingetragene Warenzeichen der jeweiligen Inhaber. Die Wiedergabe von Marken, Produktnamen, Gebrauchsnamen, Handelsnamen, Warenbezeichnungen u.s.w. in diesem Werk berechtigt auch ohne besondere Kennzeichnung nicht zu der Annahme, dass solche Namen im Sinne der Warenzeichen- und Markenschutzgesetzgebung als frei zu betrachten wären und daher von jedermann benutzt werden dürften.

Information bibliographique publiée par la Deutsche Nationalbibliothek: La Deutsche Nationalbibliothek inscrit cette publication à la Deutsche Nationalbibliografie; des données bibliographiques détaillées sont disponibles sur internet à l'adresse http://dnb.d-nb.de.
Toutes marques et noms de produits mentionnés dans ce livre demeurent sous la protection des marques, des marques déposées et des brevets, et sont des marques ou des marques déposées de leurs détenteurs respectifs. L'utilisation des marques, noms de produits, noms communs, noms commerciaux, descriptions de produits, etc, même sans qu'ils soient mentionnés de façon particulière dans ce livre ne signifie en aucune façon que ces noms peuvent être utilisés sans restriction à l'égard de la législation pour la protection des marques et des marques déposées et pourraient donc être utilisés par quiconque.

Coverbild / Photo de couverture: www.ingimage.com

Verlag / Editeur:
Éditions universitaires européennes
ist ein Imprint der / est une marque déposée de
OmniScriptum GmbH & Co. KG
Heinrich-Böcking-Str. 6-8, 66121 Saarbrücken, Deutschland / Allemagne
Email: info@editions-ue.com

Herstellung: siehe letzte Seite /
Impression: voir la dernière page
ISBN: 978-3-8417-3842-4

Copyright / Droit d'auteur © 2014 OmniScriptum GmbH & Co. KG
Alle Rechte vorbehalten. / Tous droits réservés. Saarbrücken 2014

Ma gratitude va aux femmes sans autorisation de séjour qui ont accepté de me confier certaines facettes de leur vie. A travers elles, je dédie cette publication à toutes celles qui se trouvent dans cette situation en Suisse.

Avant-propos

Cette recherche a été menée dans le cadre d'un Diplôme d'Etudes Approfondies (DEA) en Etudes Genre des Universités de Genève et de Lausanne, soutenu en 2006. Les dimensions législatives ont été actualisées et certains questionnements sur leurs conséquences apparaissent dans le texte.

Mes remerciements vont au groupe de travail *Solidarité avec les femmes sans statut légal (Collectif du 14 juin)* – regroupant des femmes sans et avec autorisation de séjour – qui de 2003 à 2008 a mené différentes actions publiques. Cet espace a grandement contribué à la formation de ma réflexion. De même, la rencontre régulière avec des travailleuses domestiques sans statut légal, dans le cadre de mon activité professionnelle au Centre de Contact Suisses-Immigrés (Genève), n'a cessé de nourrir mon intérêt et la compréhension de cette thématique.

Je tiens à remercier Patricia Roux, Directrice de ce Diplôme d'Etudes Approfondies (DEA), jusqu'alors professeure en Etudes Genre à l'Université de Lausanne, pour la qualité de son encadrement.

Ma reconnaissance va également à Marie Anderfuhren, chargée d'enseignement à la Haute Ecole de Travail Social de Genève, membre du jury, pour les riches échanges que nous avons eus.

Pour la démarche de la publication, je dois beaucoup à Lorena Parini, politiste, maître d'enseignement et de recherche en Etudes Genre à l'Université de Genève et à Anne-Françoise Praz, historienne, professeure associée en Histoire contemporaine à l'Université de Fribourg, pour la pertinence de leurs apports et pour leurs encouragements.

Enfin, je remercie toutes les personnes avec lesquelles j'ai partagé des questionnements, comme celles qui ont relu ce travail, pour leurs suggestions.

Sommaire

I Préambule	11
Contexte	11
Les motivations	13
II Problématique	17
Double invisibilité: travail invisible, travailleuses invisibles	17
Questions de recherche	20
III Genre et migration	23
1.- Genèse d'un champ de recherche	23
2.- Migration et absence d'autorisation de séjour	27
3.- Migration, transferts monétaires et rapport de genre	30
IV Travail et économie domestique	33
1.- Enjeux du travail domestique et de son externalisation	35
2.- Le « sexe du travail »	
ou travail productif versus travail reproductif	37
a) Division sexuelle du travail et rapports sociaux de sexe	37
b) La circularité du travail domestique	39
3.- Le travail domestique salarié	41
a) Comment définir et nommer le travail domestique salarié ?	41
b) Une substitution au travail de la femme et de la mère	45
V Méthodologie	49
Une approche qualitative	49
Présentation des résultats	53
VI Analyse et interprétation	55
1.- Absence d'autorisation de séjour	55
a) Conditions de travail	55
Travail par heure, travail fixe, nettoyage et/ou garde d'enfants	56
b) Le champ des possibles	61
c) Un temps libre ?	64
d) Aspects inhérents à l'absence d'autorisation de séjour	66
État anxiogène et absence d'autorisation de séjour	66

Les enfants au pays	68
Synthèse	71
2.- Travail domestique salarié	72
a) Invisibilités	72
Le savoir-faire	73
Répétition, dispersion et éclatement du travail domestique salarié	75
Modalités d'externalisation du travail domestique	76
Représentation et répartition du travail domestique	81
Les appréciations faites sur le travail domestique	83
La connaissance de l'absence de statut	85
Sa propre invisibilité	87
Synthèse	88
b) Relation aux personnes employeuses	89
Processus de négociation	96
Modalités d'affirmation et pose de limites	99
Les indicateurs de la hiérarchie	103
Synthèse	104
c) Stratégies de résistance et d'adaptation	105
Stratégies de comparaison	106
Les philosophies de vie	117
Autour de la résistance	118
Synthèse	120
3.- Circularité et échanges dans le réseau	122
a) Circularité du travail domestique entre femmes	122
Synthèse	126
VII Conclusion	129
Synthèse des résultats	129
Quelques éléments de réflexion	133
VIII Bibliographie	139
Annexe I : Contexte socio-historique	149
Annexe II : Canevas d'entretien	161
Annexe III : Analyse de contenu, logiciel et présentation de codes	165

I Préambule

Contexte

Entre 100'000 et 300'000 personnes sans statut légal[1] vivent en Suisse[2]. Les lois en vigueur sur l'immigration forgent une absence de statut légal sur le long terme. En effet, il n'existe pratiquement aucune possibilité pour une personne originaire d'un pays hors de l'Union européenne (UE) ou de l'Association européenne de libre-échange (AELE) d'obtenir une autorisation de séjour (cf.Annexe I). Ici, à Genève, sur les 8'000 à 10'000 personnes[3] sans statut légal, les deux tiers sont des femmes et la majorité d'entre elles travaillent dans le secteur de l'économie domestique[4] (c'est-à-dire le ménage, la garde d'enfants, la prise en charge de personnes âgées et/ou dépendantes). Elles travaillent également dans les secteurs de la restauration, de l'agriculture, du nettoyage, de l'hôtellerie et du travail du sexe.

Selon la commission d'experts « sans-papiers » (2004), la situation du canton de Genève s'explique par sa dimension internationale, ses nombreuses représentations diplomatiques, organisations gouvernementales et non gouvernementales, où les multinationales jouent un rôle primordial. Ces différents organismes possèdent de ce fait un besoin accru en personnel

---

[1] Je préfère le terme de « sans statut légal » à celui de « sans-papier ». Les personnes dans cette situation revendiquent généralement ce premier terme, car si elles ne possèdent pas le bon papier, c'est-à-dire une autorisation de séjour, elles ont des papiers (un passeport, une pièce d'identité, etc.). Toutefois, j'utiliserai parfois le mot sans-papier – ou sans-papière – pour faire écho aux mouvements sociaux qui l'ont adopté dans toute la Suisse – également alémanique – et dans l'ensemble de la francophonie.
[2] Quant à l'IMES et *al.* (2004), il évalue ce nombre à 90'000.
[3] Estimation du Syndicat interprofessionnel des travailleuses et des travailleurs (Sit).
[4] Bien sûr, des femmes migrantes avec autorisation de séjour travaillent également dans ce secteur d'activité.

domestique. Ils ont été les premiers à faire venir des employé·e·s latino-américain·e·s; une fois installées à Genève ces personnes ont incité des membres de leur entourage à venir travailler auprès de familles résidentes, tout en demeurant sans statut légal.

Les conditions de travail, comme la reconnaissance inachevée, de ce secteur d'activité – l'économie domestique[5] – ne sont pas le fruit du hasard. Celles-ci sont le reflet de la valeur d'usage et d'échange attribuée à une activité largement invisibilisée. Dans ce contexte, je formule deux hypothèses antagoniques. D'un côté, externaliser le travail domestique ne donnerait-il pas à celui-ci un certain statut, puisque délégué[6] et salarié[7] il sort de l'ombre ? Néanmoins, tout se passe comme si cette reconnaissance demeurait incomplète, de par de difficiles conditions de travail conjuguées à une absence d'autorisation de séjour. De l'autre côté, l'invisibilité de ce travail ne serait-elle pas renforcée lorsque celui-ci est effectué par une femme sans autorisation de séjour ?

Comme le travail domestique salarié s'exerce encore largement au noir, il demeure difficile à évaluer, malgré l'instauration du chèque-service, à partir de 2004, dans certains cantons (cf. Annexe I) – modalité qui permet aux personnes employeuses[8] de déclarer leur employée de maison[9] aux assurances sociales de base. Selon le rapport Flückiger (2005), 20'000 à 25'000 ménages et familles

---

[5] Si à Genève, il existe formellement un contrat-type édicté par la Chambre des relations collectives de travail (la CRCT) depuis 2004 – depuis 2011 au niveau national – dans les faits peu de personnes employeuses le respectent. Ce secteur d'activité ne possède pas de conventions collectives de travail.
[6] De ce fait détaillé et nommé dans les différentes tâches qui le composent.
[7] Ou du moins rétribué.
[8] Je préfère le terme de « personnes employeuses » et à celui d' « employeuses », bien que je l'emploie également. En effet, au sein des couples la quasi-totalité du travail domestique est externalisé par des femmes, néanmoins il serait erroné leur imputer la responsabilité de la division sexuelle du travail.
[9] Dans cette recherche les termes « employée de maison » – parfois « employée » – et « travailleuse domestique » seront utilisés.

résidentes à Genève ont recours à des travailleuses domestiques sans statut légal, ce qui équivaut à 4'000-5'000 personnes, employées à temps partiel ou à plein temps. De plus, l'introduction, depuis 2001, dans l'Enquête Suisse sur la Population Active (ESPA) d'une question relative au travail domestique externalisé permettra peut-être de mieux cerner l'ampleur de ce travail (Flückiger, 2005). La visibilisation de ce travail et des femmes qui l'effectuent va-t-elle en modifier la perception ?

Comme le soulignent d'ailleurs plusieurs chercheuses et étudiant·e·s, dont Johanne Haari (2005), un certain biais est en train d'émerger à l'heure actuelle. En effet, la migration de personnes sans statut légal d'origine latino-américaine est de plus en plus visible et visibilisée. Diverses études, mémoires, recherches, entretiens, articles de presse sont rédigés et publiés, depuis quelques années, sur cette population. De même, le Collectif de Travailleuses et Travailleurs Sans Statut Légal (CTSSL), créé à Genève en 2001, est composé presque exclusivement de travailleuses et de travailleurs originaires de l'Amérique latine. Ce processus de visibilisation – extrêmement positif – participe à l'occultation d'autres communautés de migrant·e·s sans statut légal. Il serait nécessaire de prendre également en compte leur diversité. Une focalisation sur une certaine catégorie de migrant·e·s pourrait renforcer la marginalisation et l'isolement des autres[10].

Les motivations

Avant d'entrer dans le vif du sujet, je vais expliciter brièvement les racines de mon intérêt pour cette thématique. Pourquoi s'intéresser aux femmes sans statut

---

[10] Je pense notamment aux migrant·e·s originaires de Chine et de Mongolie sans autorisation de séjour qui vivent à Genève.

légal, à l'externalisation du travail domestique[11], aux relations qu'entretiennent les employées de maison au travail domestique salarié, ainsi qu'aux conséquences de cette externalisation sur la division sexuelle et sexuée du travail ?

Les personnes sans statut légal, et plus particulièrement les femmes sans statut légal, je les côtoie dans le cadre de mon activité professionnelle de manière presque quotidienne, depuis plusieurs années, notamment pour des questions relatives aux droits sociaux et pour un appui dans diverses démarches administratives. Je suis du bon côté de la table, par une succession de hasards. Je pourrais me trouver de l'autre côté – les lieux de naissance étant accidentels – ou par un développement socio-historique différent, rechercher comme d'autres de mes compatriotes européennes, sans autorisation de séjour, quelques heures de ménage en Amérique latine ou ailleurs, pour échapper à une situation économique difficile et subvenir aux besoins de mes proches resté·e·s au pays. A la traditionnelle question de l'activité exercée, lors du premier entretien, il y a la réponse quasiment invariable : nettoyage, ménage, prise en charge d'enfants, parfois de personnes âgées, avec dans la voix, une pointe d'interrogation et de surprise:

« Mais que voudriez-vous que je fasse d'autre ? Et d'ailleurs, qu'est-ce que je pourrais faire d'autre ? »

Quant à la répartition du travail domestique au sein des couples qui cohabitent ensemble, le fait que ce soit les femmes qui continuent aujourd'hui à le prendre majoritairement en charge – qu'elles exercent ou non une activité rémunérée – m'interpelle. Dans ce contexte, quand la charge de travail devient trop lourde, il

---

[11] Par travail domestique, j'entends le travail gratuit effectué pour autrui dans le cadre de la famille et des relations de couple.

n'existe guère d'autres alternatives que de se décharger partiellement du ménage et/ou de la garde d'enfants sur quelqu'une d'autre, qui se trouve être une femme migrante, souvent sans statut légal. Quelles en sont les conséquences sur la division sexuelle du travail et sa reproduction ?

L'existence de ces dizaines de milliers d'êtres humains – pour ne parler que de ce petit pays, la Suisse – qui vivent à l'ombre, sans reconnaissance officielle, généralement surexploités, est une facette indissociable du néo-libéralisme actuel. La présence de travailleuses et travailleurs sans statut légal et leur participation à la vie sociale, culturelle et économique des pays de réception comme de ceux de provenance est, à mon sens, un des enjeux les plus importants de ces prochaines décennies.

Ce travail est structuré de la manière suivante. Après une brève introduction, la problématique et les questions de recherche sont présentées. Ensuite, dans le troisième chapitre, les différentes étapes qui ont permis une analyse des processus migratoires en termes de genre sont abordées, ainsi que l'influence des envois de fonds monétaires sur le statut des femmes migrantes. Quant au chapitre « travail et économie domestique » il aborde, d'une part, certains des liens entre travail domestique et travail domestique salarié, les enjeux de l'externalisation du travail domestique, d'autre part, la circularité du travail domestique entre femmes et la difficulté de définir le travail domestique salarié. Dans la cinquième partie, je parle des outils méthodologiques employés pour mener des interviews auprès de mes interlocutrices. Enfin, dans la dernière partie « analyse et interprétation », les résultats et l'analyse qui en découle sont présentés, en lien avec la problématique et les questions de départ. En ce qui concerne les annexes, l'annexe I présente le contexte socio-historique, l'annexe

II le canevas avec lequel j'ai conduit les entretiens. L'annexe III développe les aspects méthodologiques de l'analyse de contenu[12].

---

[12] Quant aux tableaux sur les liens qui existent entre les codes, ils ne sont pas publiés ici. Se référer au travail de mémoire soutenu en 2006.

II Problématique

Double invisibilité: travail invisible, travailleuses invisibles

Aborder la thématique des femmes sans statut légal sous l'angle de leur assignation au secteur de l'économie domestique, c'est se situer au croisement de plusieurs champs de recherches : la division sexuelle, sociale et internationale du travail et les rapports sociaux de sexe, de classe et de « race »[13]; le travail domestique et son externalisation; les migrations féminines et les enjeux politiques et sociaux liés aux personnes sans statut légal.

Le travail domestique est un travail peu voire pas pris en compte. Dans une analyse du travail productif, il en a été tout simplement exclu. La conscience de l'ampleur du travail domestique a émergé dans le cadre du mouvement féministe des années 60-70. Une frange du mouvement féministe dans les pays occidentaux s'est même constituée contre l'appropriation systématique de ce travail, au nom de la complémentarité des tâches et de « l'amour ». Les recherches menées sur le travail domestique dans les années 70 ont démontré l'invisibilité de ce travail et la cécité persistante des travaux antérieurs sur cette problématique. C'est un sujet qui a suscité beaucoup d'intérêt, notamment dans les années 80, et sur lequel une abondante littérature existe. Quant au travail domestique salarié, il a été abordé notamment par les Anglo-saxonnes, en lien avec la reproduction des rapports non seulement de sexe, mais également de classe et de « race », dans un contexte de flux migratoires inhérents au processus de globalisation.

---

[13] Bien que le terme « race » ne corresponde à aucune réalité biologique et soit fortement connoté historiquement et politiquement, il permet de dénoncer un rapport discriminatoire que celui d'ethnie dépolitise, dans un contexte où la perception construite de ces différences subsiste malheureusement. Je l'utiliserai avec des guillemets.

En Suisse, comme ailleurs notamment en Europe, un nombre important de familles monoparentales, de personnes isolées, de personnes âgées et/ou dépendantes créent de nouveaux besoins qui ne sont pas comblés par les services publics. Les services d'aide et de soins à domicile ne couvrent pas la totalité des besoins de ces personnes. A cela s'ajoute un nombre de places dramatiquement lacunaire dans les institutions de la petite enfance ou les familles d'accueil. De surcroît, à l'heure actuelle, l'organisation entre les temps personnels et professionnels est ardue pour nombres de familles et de personnes, et le développement de la flexibilité et des formes de travail précaire et atypique concerne tout particulièrement les femmes salariées. A cela s'ajoute une persistante répartition asymétrique du travail domestique entre femmes et hommes, conséquence de la division sexuelle du travail.

Les femmes, toujours responsables du travail de reproduction, soit l'assument, soit l'externalisent en partie ou totalement, en engageant une travailleuse domestique, migrante et bien souvent sans statut légal. La division sexuelle du travail ainsi que les équilibres entre sphères privées et publiques restent ainsi pérennes.

Selon Delphy (2003), certaines politiques d'égalité, telles que la mise sur pied de garderies d'enfants et de crèches, induisent des conséquences similaires, car si ces institutions prennent en charge une partie du travail effectué par des femmes – et non par leur partenaire – la responsabilité, effective et mentale, leur incombe à elles et à elles seules.

Les femmes migrantes ont été largement invisibilisées des processus migratoires. Ceux-ci se sont conjugués jusqu'à récemment presque uniquement au masculin. Bien que leur pourcentage augmente légèrement, il s'agit davantage d'une prise en compte de leur présence que d'une féminisation de la migration. En sciences sociales en général et dans les études menées sur la migration en particulier, elles sont considérées depuis peu comme sujets de recherche et étudiées comme actrices sociales, après avoir été appréhendées comme accompagnantes d'un homme qui lui seul avait décidé d'émigrer, ou encore comme des victimes.

Enfin, **les personnes sans statut légal** sont, de par leur absence d'autorisation de séjour, invisibles, elles ne sont recensées nulle part. Officiellement parlant, elles n'existent tout simplement pas. En Suisse, l'émergence depuis le début des années 2000 de différents Collectifs de travailleuses et travailleurs sans statut légal, ainsi que de Collectifs de soutien aux sans-papiers a permis de sortir cette thématique de l'ombre (cf. Annexe I). Parallèlement, la prise de conscience d'une importante migration de femmes seules, parmi les personnes sans statut légal, a modifié la manière dont la migration a été conceptualisée et pensée jusqu'à récemment.

Les travailleuses sans statut légal proviennent de régions du monde où une situation économique désastreuse précarise toujours davantage les classes populaires et moyennes. Pour sauver les meubles, elles émigrent, souvent seules, vivant avec une rémunération modique. Elles travaillent pour une majorité d'entre elles dans l'économie domestique, où la demande comme nous venons de le voir reste forte. Parfois, c'est l'absence du père de leurs enfants[14] qui les incite à migrer pour subvenir aux besoins de leur famille. Elles tentent par tous les moyens d'envoyer de l'argent chaque mois à leur famille et à leurs enfants restés au pays, avec l'espoir qu'ils viennent les rejoindre, une fois la situation

---

[14] L'absence du conjoint concerne en particulier les femmes migrantes originaires d'Amérique du Sud. Elles représentent la majorité des femmes sans statut légal vivant à Genève.

financière améliorée, la dette du billet d'avion ainsi que du voyage épongée, et un petit pécule constitué[15].

Questions de recherche

Au croisement de ces différents champs d'étude, cette recherche soulève toute une série de questions que je résumerai ainsi :
- Comment les employées de maison construisent-elles leur rapport au travail domestique ? Dans quelle mesure parviennent-elles à en améliorer les conditions ?
- Les relations aux personnes employeuses sont-elles une composante inhérente du travail domestique externalisé ? Etre sans statut légal modifie-t-il la manière dont celles-ci se construisent ?
- Dans quelle mesure ce transfert de travail crée-t-il une illusion d'égalité entre femmes et hommes puisqu'il ne remet pas en cause les rôles et les rapports sociaux de sexe ? L'engagement d'une travailleuse domestique, *a fortiori* sans statut légal, renforce-t-il la division du travail et l'invisibilité du travail domestique ? Quelles sont les conséquences de ce travail sur la division sexuelle du travail au sein des couples ? Si ces questions sous-tendent ce travail, des réponses décisives ne sont pas attendues.

Les migrantes se retrouvent placées dans des hiérarchies de pouvoir – en lien avec le genre, la classe, la « race », l'ethnicité, la nationalité – qu'elles n'ont ni construites, ni choisies, mais, néanmoins au travers desquelles elles développent

---

[15] Il existe différentes manières d'obtenir l'argent nécessaire au voyage: emprunter de l'argent à une banque, à une agence spécialisée, à des proches, ou encore hypothéquer sa maison (au cas où on en possède une). Oso (2002) mentionne également le recours à des agences de voyage qui prêtent l'argent nécessaire au voyage et à son organisation. Toutes ces formes d'emprunts ont bien sûr des taux d'intérêts extrêmement élevés.

des stratégies, élaborent des projets et des actions à partir de leur emplacement dans ces hiérarchies. Ces desseins et ces initiatives sont autant de manières de résister aux inégalités structurelles (Catarino & Morokvasic, 2005).

Le terme stratégie peut être défini ainsi : « La notion de stratégie est centrale, dans son imprécision même : elle combine des attentes, des rêves et des représentations, des calculs, des attitudes, et des "actes manqués". Souvent, les stratégies semblent difficiles à comprendre, mêlant des éléments de rationalité et de décision cohérente avec des discours contradictoires et des actes apparemment irrationnels. De fait, les employées domestiques sont souvent prises entre plusieurs exigences difficiles à concilier (désir d'autonomie / besoin de protection, indépendance / pressions familiales, stratégies personnelles / obligations culturelles, etc.) » Destremeau & Lautier (2002 : 261).

J'emploie la notion de stratégie à différents niveaux :
- Les stratégies mises sur pied pour émigrer, c'est d'ailleurs un aspect périphérique et peu traité dans ce travail ;
- Les stratégies pour s'organiser entre les différents lieux de travail, comme au sein de chaque lieu de travail ;
- Les stratégies pour pouvoir vivre au mieux leur situation et se construire une « représentation acceptable de soi » (Anderfuhren, 2002).

Ce travail est centré sur les stratégies élaborées par les femmes migrantes. En effet, travailler dans le secteur de l'économie domestique, de par l'absence d'un cadre social et juridique, en étant sans statut légal de surcroît, implique une construction du rapport à ce travail et la mise sur pied de stratégies. La notion de stratégie, comme outil d'analyse, permet de se positionner du point de vue des femmes migrantes et de réfléchir à partir de leur propre vécu, d'expériences et de contraintes.

III Genre et migration

1.- Genèse d'un champ de recherche

Les recherches sur les migrations ont longtemps été aveugles à la dimension du genre, ainsi que le souligne l'une des pionnières en la matière, Morokvasic (1983). Elle montre que dans une première étape, les femmes migrantes sont complètement absentes des recherches. En 1960, 47 % des personnes migrantes – avec autorisation de séjour – étaient des femmes, contre 49% en 2000, mais comme le disent Catarino & Morokvasic (2005), le masculin était perçu comme représentant toutes les personnes migrantes et, de ce fait, légitime. Cette exclusion est habituellement justifiée par le manque de fonds attribués aux recherches sur cette thématique et par le rôle joué par les femmes, perçu comme économiquement mineur (Morokvasic, 1983).

La deuxième étape – à partir des années 1974-1975, dans un contexte de fermeture des frontières en Europe (Oso, 2005) – a permis de faire sortir les femmes de leur invisibilité. Elles étaient alors mentionnées dans le cadre familial par les liens qu'elles entretenaient avec leurs enfants ; le stéréotype de « la » femme migrante s'est alors construit (Morokvasic, 1983 ; Oso, 2005): dépendante, isolée, retirée du monde extérieur et élevant beaucoup d'enfants. Ce stéréotype fonctionne pour toutes les femmes migrantes, quel que soit le pays de provenance ou l'appartenance culturelle (Morokvasic, 1983).

Enfin la troisième étape, dans les années 80, correspond à l'élaboration d'un discours sur la féminisation de la migration en Europe, avec une prise de conscience que les femmes peuvent être des agents économiques importants (Oso, 2005). Certaines chercheuses, telles Golub, Morokvasic & Quiminal remarquent l'émergence de ce discours « non seulement par une augmentation réelle de la participation féminine dans les mouvements de population, mais aussi par une ouverture conceptuelle à la figure de la femme immigrante » (cité par Oso, 2005 : 41).

Dans les faits, souligne Oso (2005), avant le milieu des années 70 déjà, dans certains groupes ethniques, dans certaines tranches d'âge, les femmes étaient plus nombreuses que les hommes. Par ailleurs, ajoute-t-elle: « Le service domestique et les services personnels ne peuvent s'exporter comme les activités industrielles, ce qui entraîne le recours à la main-d'œuvre étrangère et le développement de courants migratoires de caractère exclusivement féminin. La migration des femmes du Sud vers le Nord répond à cette demande croissante de services qui recouvrent le travail de reproduction (2005 : 46-47). »

Il n'est pas simple de faire une différence, comme le souligne Morokvasic (1983), entre les recherches qui ne mentionnent tout simplement pas les femmes, et celles où les femmes sont secondaires, et considérées comme ne prenant pas vraiment part au processus migratoire ; celles-ci sont repérées par l'usage d'expressions, telles que « les migrants et leur famille », dans un contexte où « la famille » est comprise comme composée de membres dépendants, les femmes et les enfants, alors que « migrant » veut dire *male breadwinner*. Cette dernière approche, ajoute cette auteure, tout en donnant aux femmes « le statut d'actrices sociales », a maintenu une opposition entre les valeurs dites « modernes »[16] et celles « traditionnelles », les premières étant censées correspondre à une émancipation, ainsi le fait de migrer pouvait permettre aux femmes migrantes d'accéder à la modernité si celles-ci s'adaptaient à la société hôte. En effet, « ... *their migration determined by individual motivation and desires and their condition analysed within a perspective of adaptation to the*

---

[16] Morokvasic donne comme exemple de valeurs dites modernes le fait d'avoir accès à un emploi et à la contraception.

"host society" formulated in terms of evolution towards some "emancipated" state » (1983: 14). Comme si, relève la chercheuse, les femmes ne travaillaient pas auparavant dans leur pays, leur travail est vu comme un cadeau[17] des personnes employeuses aux femmes migrantes. En conséquence, souligne Phizacklea (1983), le fait de leur attribuer un statut de travailleuses ne conduit pas à une analyse de classe, car celui-ci est considéré comme un pas vers l'émancipation.

Les femmes sont confinées à certains secteurs du marché parce que ce sont des femmes, la discrimination raciale et les contrôles légaux assurent leur subordination ; la forme de contrôle la plus manifeste étant celle relative à l'autorisation de séjour (Phizacklea, 1983). Selon elle, l'infériorité des femmes découle de leur rôle premier – défini comme actuelle ou potentielle épouse et mère – économiquement et légalement dépendante d'un homme qui ramène un salaire à la maison. Ce rôle premier détermine les conditions dans lesquelles elles vendent leur force de travail.

Les motifs d'émigration, tels que la volonté d'échapper à une oppression sexiste dans les pays d'origine, sont très peu pris en compte par les chercheuses et les chercheurs (Morokvasic, 1983, 1986; Tabet, 2004). Dans ce contexte, les causes d'émigration féminine n'apparaissent pas dignes de mention : « elles suivent leurs maris » (Morokvasic, 2005). La pionnière ajoute que : « là où la question est soulevée, les causes relèvent de la stéréotypie, l'émigration des femmes relève d'un ordre individuel, privé, familial, par opposition aux causes de l'émigration masculine, d'ordre public, collectif et économique » (2005 : 55-56). Selon elle, dans la plupart des cas ce qui est défini comme « motivation

---

[17] Ce qui peut partiellement expliquer les propos tenus par certaines personnes employeuses ici, à Genève : « 600 francs par mois, à plein temps, c'est quand même beaucoup si on compare avec ce que vous gagneriez dans votre pays... »

individuelle ou raison personnelle pour émigrer » est en fait provoqué par des facteurs, discriminants et opprimants les femmes, générés par les structures mêmes de la société dans les pays de provenance.

Toujours selon Morokvasic, les termes employés tels que « conflits familiaux » ou « raisons familiales » sont la preuve d'une cécité construite qui permet d'occulter cette oppression et cette discrimination, qui n'ont strictement rien d'individuelles: « L'émigration, tout en étant une fuite devant les conflits, un évitement de la confrontation, est en même temps une riposte active et positive des femmes qui refusent de se plier, d'acquiescer ; en somme l'émigration est une lutte » (2005 : 62).

Ce sont les femmes migrantes, bien davantage que les hommes migrants, qui sont assignées à des travaux et à des activités qui s'apparentent à des formes d'esclavage dans les pays ou les zones d'immigration, souligne la chercheuse Paola Tabet (2004). En effet, comme le démontre cette dernière, c'est le cas dans le secteur de la prostitution, qui emploie en grande majorité des femmes et des filles, dans celui de l'économie domestique, où l'exploitation est monnaie courante, d'autant plus si les employées vivent sur leur lieu de travail, ou encore dans les industries et les fabriques, notamment dans les Zones de Libres Échanges où elles forment plus des deux tiers de la main d'œuvre. Cette assignation impulsée par les lois existantes dans les pays de réception oblige les femmes migrantes à travailler dans des secteurs traditionnellement réservés aux femmes: « … même au-delà du trafic et des rapports de travail forcé, les politiques étatiques tendent à assigner les migrantes aux places spécifiques des femmes, c'est-à-dire aux travaux qui définissent les femmes comme classe. Une classe qui ainsi, finalement, vient à montrer (comme jadis la classe ouvrière), dans toute son évidence, une structure commune au-delà des sociétés et des frontières » (Tabet, 2004 : 141).

2.- Migration et absence d'autorisation de séjour

Lorsque la question de l'absence d'autorisation de séjour est abordée, il est nécessaire de mener une réflexion sur les termes utilisés pour parler des personnes qui se trouvent dans cette situation, soulèvent plusieurs chercheuses et chercheurs, dont Myriam Carbajal (2004). Selon elle, ceux-ci dévoilent les hiérarchies et les rapports de pouvoir entre différents groupes sociaux et, de plus, les expressions employées assignent une identité négative et désignent une non-place, à la fois occupée et illégitime, car celle-ci relève des relations de pouvoir inégalitaires entre les groupes (Carbajal, 2004). Le groupe dominant a en effet la force et la légitimité de définir des catégories sociales, de mobiliser un certain discours et d'imposer ce modèle, souligne la chercheuse.

Par ailleurs, on peut se demander si, dans ce cas, le stigmate ne relèverait pas, d'une part, du processus de catégorisation qui les construit comme sans statut légal, et, d'autre part, si ce processus n'induit pas une confusion. En effet, ces personnes sont systématiquement associées à des catégories qui ne sont pas les leurs, notamment celle de réfugié·e·s et de requérant·e·s d'asile. De ce fait, et c'est le comble du comble, tout se passe comme s'il y avait une non-reconnaissance de leur absence de statut légal.

La terminologie pour parler des personnes sans statut légal évolue. Certaines dénominations, telles que « clandestin » et « illégal », ont été abandonnées, à cause de leur connotation délictuelle, voire criminelle. Elles ont été remplacées par « sans papier », mais ces personnes possèdent généralement des papiers (carte d'identité, passeport). Ce qui leur manque, ce sont les « bons papiers » (c'est-à-dire une autorisation de séjour). Ce terme n'est donc pas approprié non plus.

A défaut de mieux, l'expression utilisée à l'heure actuelle est « sans statut légal », ou encore « sans autorisation de séjour ». Le légal passe parfois à la trappe, dans le langage oral comme dans les textes sur cette thématique, ainsi on entend et on lit fréquemment « sans statut ». Cette formule mériterait d'ailleurs réflexion. De même, le terme « régularisation collective » a supplanté celui « d'amnistie », expression sous-entendant une infraction et des conséquences pénales.

Comme l'analyse Carbajal, comprendre le processus de la clandestinité nécessite une prise en compte des facteurs qui sont à la base de la clandestinité, tels les politiques migratoires et les mécanismes de reproduction de la clandestinité: « face à la clandestinité et à son impact sur les conditions de vie, faire face implique de créer des conditions pour survivre dans ce nouveau contexte et satisfaire ainsi des besoins élémentaires comme se nourrir, se loger, se soigner, etc. En même temps, faire face englobe les possibilités de reproduire des conditions de clandestinité au jour le jour et d'assurer une certaine "prolongation dans l'instabilité"» (2004 :12).

Selon Carbajal (2004), les conséquences d'une absence d'autorisation de séjour ne sont pas imaginées au moment de prendre la décision d'émigrer. Les femmes qui migrent ne possèdent que peu d'information sur les conditions de vie et de travail qui seront les leurs dans le pays de réception et sur les difficultés engendrées par l'absence de statut légal. De plus, ajoute-t-elle, la faible présence de l'Etat dans le contexte latino-américain les contraint à développer une certaine indépendance envers les institutions étatiques. En conséquence, ces femmes possèdent une ressource importante qui leur sera d'une grande utilité pour s'adapter à la clandestinité et la comprendre : la capacité de vivre sans rien attendre de l'Etat. Les personnes sans statut légal découvrent à quel point leurs conditions de vie et de travail (logement, travail, formation) sont entravées, lorsqu'elles se confrontent à différentes limites dans le pays de réception. Devenir sans statut légal génère une série de deuils : dépendances accrues, impossibilité d'avoir un bail à son nom comme un contrat en bonne et due forme, formation inaccessible, impossibilité d'obtenir une autorisation de séjour à long terme (Carbajal, 2004).

Dans ce contexte, Carbajal (2004) analyse différentes stratégies identitaires à l'œuvre. Les femmes élaborent leur expérience en lui donnant un sens, afin de résister à la clandestinité, notamment en la concevant comme positive.

Ce processus de « stabilisation » : « passe par le fait de connaître le monde de la clandestinité, de s'y introduire et de reproduire dans la vie de tous les jours des pratiques sociales propres au monde de la clandestinité » (Carbajal, 2004 : 183).

Carbajal définit ce monde de la clandestinité comme : « une production constante à travers la transmission de pratiques sociales des individus, de pratiques communes et de savoir-faire adapté à cette nouvelle réalité » (2004:193). Elle distingue trois étapes qui favorisent une organisation du quotidien: assurer la survie, reproduire les conditions de la clandestinité et enfin atteindre les objectifs migratoires par le biais de différentes stratégies, qu'elle définit ainsi : la stratégie d'épargne envisage le projet migratoire avant tout dans sa dimension économique, alors que la stratégie intellectuelle est en quête de possibilités pour réaliser un projet migratoire, enfin celle adaptative va de pair avec un souci de « stabilisation » dans un contexte ou le projet migratoire n'est pas clairement défini au départ. Ces différentes stratégies ne sont pas des catégories étanches, elles peuvent coexister, comme se transformer au cours du temps. Par exemple, si une femme migre dans l'idée de poursuivre sa formation, et qu'une fois en Suisse elle se rend compte que, sans autorisation de séjour, elle ne peut s'inscrire nulle part, elle adaptera alors son projet migratoire et développera une logique d'épargne et/ou d'adaptation (Carbajal, 2004).

3.- Migration, transferts monétaires et rapport de genre

Après une occultation de cette réalité, l'OCDE, le FMI et la Banque Mondiale ont soudain manifesté leur intérêt pour les envois de fonds *(remittance)* des migrant·e·s (Wanner, 2006). Les sommes envoyées dans les pays d'origine ont été multipliées par quatre depuis une dizaine d'années (Yepez del Castillo & Bach, 2005). En 2003, comme le soulignent ces chercheuses, pour 22 pays de la région d'Amérique latine et des Caraïbes, ces sommes dépassent la somme totale de l'investissement direct étranger (IDE) et de l'aide au développement. Le FMI évalue à 126 milliards de dollars les envois de fonds privés dans les pays en développement en 2004. L'année suivante, en 2005, la Banque Mondiale estime ces envois à 167 milliards de dollars. Le phénomène touche 125 millions de migrant·e·s et 500 millions de bénéficiaires (Wanner, 2006).

Et la Suisse ? Toujours selon ce chercheur, 9 milliards de dollars par année sont envoyés vers les pays en développement – et ceci sans prendre en compte les canaux informels qui se multiplient, notamment à cause du coût de ces transactions. Parmi les pays expéditeurs, la Suisse se situe en quatrième position. A 90%, ces envois sont affectés à l'achat de biens de consommation et à l'éducation. Ils deviennent plus élevés après 5 ou 10 ans, à cause d'une meilleure intégration dans le pays de réception et le maintien de liens forts avec le pays d'origine (Wanner, 2006). Cette situation, souligne-t-il, interroge le rôle de la migration dans le développement et la réduction de la pauvreté.

Le montant des envois est lié à la perception par les migrant·e·s des besoins de celles et de ceux resté·e·s dans le pays d'origine, et non pas aux montants de leurs revenus (Yepez del Castillo & Bach, 2005). Ceci a comme conséquence que les femmes, de par leur socialisation, envoient des montants d'argent plus élevés et plus fréquents dans leur pays d'origine que les hommes (Pheterson, 2001 ; Phizacklea, 1983). En 1986 déjà, Morokvasic se demande si l'intérêt porté aux femmes migrantes, dans différents contextes et disciplines, n'est pas lié à ces colossaux transferts d'argent. En outre, les liens au pays d'origine, notamment les différents engagements envers des enfants ou des proches vivant dans le pays d'origine, influencent le rapport que ces femmes vont entretenir au travail dans le pays de réception.

Concernant l'impact de ces envois d'argent sur le statut des femmes migrantes, les résultats sont divergents, voire contradictoires. Selon Pessar : « …la migration peut entraîner une augmentation de l'indépendance et de l'autonomie de la femme, du fait d'une plus grande insertion dans les activités rémunérées au pays d'accueil, d'un contrôle sur les ressources économiques ainsi que d'une participation plus importante aux décisions prises dans le cadre du foyer » (cité par Oso 2005 : 49).

Pour d'autres chercheuses la migration signifie, dans certains cas, un transfert des structures patriarcales du pays d'origine au pays d'accueil, avec comme conséquence que les relations de genre ne se modifient pas (Oso, 2005). Le fait d'émigrer, d'exercer une activité professionnelle et de percevoir un salaire, ne diminue pas le contrôle des hommes sur les femmes, il peut même l'augmenter (Phizacklea, 1983). Les envois monétaires vers le pays d'origine vont également de pair avec une perte de contrôle sur les ressources économiques et, de ce fait,

sur le pouvoir de décision (Oso & Catarino, 1996). Ces dernières distinguent différents facteurs qui influencent le statut des femmes :
- les structures familiales et la place des femmes dans le système de production dans le pays d'origine ;
- le type d'insertion des femmes migrantes sur le marché du travail dans le pays de réception (transfert ou pas du travail de reproduction) ;
- l'influence des réseaux sociaux et communautaires ;
- le statut marital de la femme immigrée et le type de migration (migration familiale ou migration de femmes seules).

Si la migration des femmes seules permet une élévation du statut au sein de la famille, ainsi que du ménage transnational, ces chercheuses soulignent toutefois que la migration bénéficie plutôt à celles et ceux qui reçoivent les transferts monétaires. Dans les pays de réception, tant pour les chercheuses que pour les militantes, la migration féminine permet aux hommes et à l'Etat de ne pas avoir à assumer les travaux de reproduction, elle perpétue ainsi la division sexuelle et sociale du travail. Pour d'autres, la permanence de cette division concernerait davantage les pays du Sud de l'Europe (Oso Casas, 2005). La migration ne modifie pas les inégalités de genre dans le pays d'origine, puisque ce sont d'autres femmes et filles qui assument leurs responsabilités (Yepez del Castillo et Bach, 2005). Selon ces différentes chercheuses, cette situation favorise la reproduction du rôle traditionnel de genre des femmes, ainsi que la naturalisation des envois de fonds, dans le sens où ces envois deviennent inhérents au fait d'être mère et/ou fille.

IV Travail et économie domestique

Le travail domestique et le travail domestique salarié possèdent certains liens étroits, la nature du premier détermine la manière dont le second est pensé, notamment dans son absence de définition claire[18] et dans son invisibilité. Entre ces deux formes du travail domestique, une dimension essentielle demeure : la circulation de ce travail entre femmes. Tout se passe comme si, quelles que soient la manière dont il est effectué et les modalités de son externalisation, il ne demeure qu'entre les mains de femmes. De nombreuses analyses montrent que le travail domestique, externalisé ou pas, reste assigné aux femmes, notamment Bloch et *al.* (1998) ; Chabaud-Rychter et *al.* (1985) ; Collectif du 14 juin (2004) ; Delphy (1998 [1970]), (2003) ; Dussuet (2005), Vandelac et *al.* (1985) ; Roux et *al.* (1999).

La prise en charge du travail externalisé implique différents rapports sociaux qui se combinent les uns aux autres. Cette situation devient le lieu non seulement de reproduction de rapports sociaux de sexe, mais également de classe et de « race » (Anderson, 2000). Le terme « rapport social » permet, selon Kergoat, de : « … rendre compte de la tension antagonique se nouant en particulier autour de l'enjeu de la division sexuelle du travail et qui aboutit à la création de groupes sociaux ayant des intérêts contradictoires » (2000 : 41). Elle étend cette conception à d'autres rapports sociaux, tels que ceux de classe et de « race ». Ceux-ci s'inscrivent dans la division sexuelle, sociale et internationale du travail (cf. entre autres Falquet, 2006 ; Federici, 2002 ; Russell Hochschild, 2003). La division sexuelle fixe des tâches ou des travaux considérés comme « étant » de femmes ou d'hommes et les hiérarchise (Kergoat, 2000). La division sociale désigne les personnes suffisamment aisées pour déléguer une partie ou la totalité

---

[18] Cf. ci-après *Comment définir et nommer le travail domestique salarié ?*

de leur travail domestique contre rémunération. Enfin, la division internationale du travail prédispose, de par une appartenance nationale ou géographique, des groupes de personnes à certains emplois. Ces différentes divisions recoupent la reproduction de rapports sociaux de sexe, de classe et de « race », analysée notamment par Anderson (2000) et Gaitskell et *al.* (1984).

La nouvelle division sexuelle, sociale et internationale est le résultat de stratégies mises sur pied vers la fin des années 70 par le capital international (Federici, 2002), avec comme conséquence une dépendance accrue des pays dits du Sud envers l'économie mondiale pour pouvoir assurer leur survie. A cela s'ajoute que « la paupérisation du tiers-monde a permis une réorganisation internationale de la reproduction qui transfère du "Nord" au "Sud" une part importante du travail requis pour la reproduction de la main d'œuvre utilisée dans les métropoles. Cela signifie que des femmes du tiers-monde sont désormais "intégrées" dans l'économie mondiale comme productrices de force de travail qui vont être utilisées et "consommées" dans les régions industrialisées du monde ... » (2002 : 46). Selon cette chercheuse, ces processus ont « introduit de nouvelles divisions et hiérarchies » entre femmes qui renforce l'exploitation vécue par celles des pays en voie de développement.

Dans ce contexte, peut-on parler uniquement de formes modernes de servitude ? Alors que certaines formes de solidarité peuvent se construire dans le rapport de service même – nous le verrons plus loin au travers d'extraits d'entretiens qui soulignent la diversité des liens entre personnes employeuses et travailleuses domestiques – comme dans quelques initiatives, certes limitées, impulsées par certains groupes de femmes (cf. Annexe I).

Pour cerner la spécificité du travail domestique salarié, un arrêt sur le travail domestique est nécessaire. En effet, son statut, tout comme l'angle mort qu'il reflète, sont déterminants pour appréhender le travail domestique salarié. Pour cette raison, une partie de ce travail est consacrée à élaborer un cadre théorique qui permette d'appréhender le travail domestique et le travail domestique salarié, appelé également « économie domestique ». Dans un premier temps, je vais donner quelques éléments relatifs au travail domestique, nécessaires à la compréhension du travail domestique salarié, tels que les liens entre travail domestique, division sexuelle du travail et circularité du travail domestique entre femmes. Ensuite, j'aborderai le travail domestique salarié sous l'angle de sa définition, l'impact de celle-ci sur la manière dont il est externalisé, ainsi que les enjeux qu'il dévoile.

1.- Enjeux du travail domestique et de son externalisation

Le travail domestique (Delphy, 1998 [1970], 2003; Guillaumin, 1992 [1978] ; Vandelac et al., 1985) est à la base de la division sexuelle entre femmes et hommes, c'est-à-dire, de manière schématique, de la séparation des sphères productive et reproductive, et de l'attribution de ces sphères par classes de sexe[19]. Le terme « travail domestique » se réfère à une théoricienne et chercheuse féministe matérialiste, Christine Delphy (1998 [1970]) qui, en démontrant que le travail domestique n'équivaut pas au travail ménager, a posé les premiers jalons qui ont permis de construire en objet théorique le travail domestique.

---

[19] Delphy (1998 [1970]: 65-66) définit cette expression ainsi : « Les hommes, en tant que groupe, extorquent du temps, de l'argent et du travail aux femmes, grâce à de multiples mécanismes, et c'est dans cette mesure qu'ils constituent une classe. »

Le travail domestique peut être défini comme le travail nécessaire pour la reproduction sociale (Brenner & Lasting, cité par Anderson) :

« *How food, clothing and shelter are made available for immediate consumption, the ways in which the care and socialisation of children are provided, the care of the infirm and the elderly, and the social organisation of sexuality. Social reproduction can thus be seen to include various kinds of work – mental, manual, and emotional – aimed at providing the historically and socially, as well as biologically, defined care necessary to maintain existing life and to reproduce the next generation* » (2000 : 13).

Ce n'est pas tant le travail domestique en tant que tel qui pose problème, c'est un travail indispensable, utile, qui a un sens, mais les rapports sociaux et économiques dans lesquels celui-ci s'inscrit et l'ensemble des conditions dans lesquelles il s'effectue (De Giorgi & Bonnard, 2004). Ces auteures le résument de cette manière : le travail domestique s'inscrit dans des rapports de domination des hommes sur les femmes ; il est assigné quasi exclusivement aux femmes – qu'il soit d'ailleurs externalisé ou pas ; il est invisible et la plupart du temps gratuit, quand il est rémunéré il est également effectué par des femmes.

Le nombre d'heures consacrées par les femmes et les hommes aux tâches ménagères sont, on s'en doute, différenciées (Bloch et *al.*, 1998 ; Delphy, 1998 [1970], 2003; Gregson & Lowe, 1994; Roux et *al.*, 1999)[20]. La cohabitation de partenaires de sexe différent[21] provoque une surcharge de travail pour les femmes, alors que les hommes se retrouvent allégés de certaines tâches (Delphy, 2003). Le travail domestique constitue la base d'une société qui ne peut

---

[20] Pour ne citer que ces travaux. Les recherches abondent dans ce sens.
[21] Il n'existe, à ma connaissance, que peu d'études sur la répartition du travail domestique parmi les couples de même sexe. Cf. à ce sujet le mémoire de DEA en Etudes genre de Valérie Biétry (2004) « *Organisation domestique des couples lesbiens et gays : l'influence du système de genre.* »

fonctionner sans lui ; le travail domestique et le travail salarié constituent les deux faces du même système économique (Vandelac, 1985). Selon elle, questionner le « sexe » du travail domestique déstabiliserait la conception même de l'emploi et de la place occupée par les hommes. L'externalisation du travail domestique ne serait-elle pas justement un moyen d'éviter toute remise en cause ?

2.- Le « sexe du travail »[22] ou travail productif versus travail reproductif

a) Division sexuelle du travail et rapports sociaux de sexe

La grille de lecture du patriarcat, proposée par Delphy (1998 [1970]), se résume de manière schématique ainsi : le patriarcat est le système de subordination des femmes aux hommes. Le patriarcat préexiste aux sociétés industrielles contemporaines. Dans celles-ci, ce système s'est intensifié, car il possède une base économique et cette base est le mode de production domestique. Ce mode de production exclut le travail domestique du champ de l'économie, raison pour laquelle il est non rémunéré. Dans ce contexte, les productions des femmes ont toujours une valeur d'échange, sauf dans le cadre de la famille ou de l'unité domestique. Le mode de production domestique engendre une oppression à la fois « commune », « spécifique » et « principale » (Delphy 1998 [1970] : 53):

- « commune », dans le sens où « elle touche toutes les femmes mariées » ;
- « spécifique », car « l'obligation de fournir ces services domestiques gratuits n'est subie que par les femmes » ;

---

[22] Expression empruntée au titre de l'ouvrage collectif *Le sexe du travail, structures familiales et système productif*, publié sous la dir. de Marie-Agnès Barrère-Maurisson et de Françoise Battagliola en 1984.

- et enfin, « principale », car même quand les femmes travaillent « au dehors », « l'appartenance de classe est conditionnée par leur exploitation en tant que femmes. »

Pour certaines chercheuses et militantes, parler du travail domestique, que Vandelac (1985) nomme les « dessous du travail », va de pair avec les « dessous de l'amour ». L'amour, ou du moins la conception bien particulière que nous en avons, justifie-t-il une non-rémunération de l'activité domestique ? Vandelac (1985) dénonce la faible attention accordée à cette thématique dans nos sociétés : « Comment ne pas s'étonner de la dénégation systématique d'une question aussi fondamentale dans nos vies et dans l'organisation de cette société et cela, d'autant plus que la reproduction domestique n'est pas simplement un thème supplémentaire qui, accolé aux autres "problèmes des femmes", tels que le viol et la discrimination en emploi, élargirait le kaléidoscope des "questions féminines", c'est une problématique centrale, au cœur et au croisement des rapports de sexe et de classe » (1986 : 16).

Le rapport social fondamental, inhérent à ce mode de production domestique, est l'appropriation du travail des femmes par les hommes. Dans le sexage (Guillaumin, 1992 [1978]), c'est la personne même qui est appropriée et non pas seulement sa force de travail. Tout se passe comme si la socialisation des unes et des autres permet de justifier l'appropriation de ce travail, notamment en élaborant des représentations qui la rendent supportable (Roux et *al.*, 1999). Que devient cette appropriation lorsque le travail domestique devient rémunéré ?

Si une frange du mouvement féministe a rassemblé les femmes autour du travail domestique – celui-ci étant considéré comme le plus petit dénominateur commun entre les femmes – le fait que certaines d'entre elles le déléguaient a été évacué. Ceci a permis d'éviter de schématiser un phénomène complexe en le simplifiant à, d'un côté, des travailleuses domestiques, de l'autre côté, des employeuses ; et de rendre ces dernières responsables de nouvelles divisions entre femmes...

Suite à la prise de conscience du nombre de travailleuses sans statut légal dans le secteur de l'économie domestique et aux propositions de régularisation collective, j'ai lu à plusieurs reprises dans la presse que les employées de maison permettent aux femmes, et plus particulièrement à celles qui ont des enfants, de travailler à l'extérieur. Dans les représentations collectives, il semble que les travailleuses domestiques effectuent le travail des épouses et des mères, en aucun cas celui des hommes.

b) La circularité du travail domestique

Tout se passe comme si le travail domestique, salarié ou pas, demeure une histoire de femmes, une tâche consubstantielle à leur « nature ». Il est important, à ce propos, de souligner qu'il existe une circularité du travail domestique entre femmes (Chabaud-Rychter et *al.,* 1985 ; Daune-Richard, 1984). Cette dernière, dans le cadre d'une recherche sur la classe ouvrière en France, met en évidence l'articulation entre le travail domestique et professionnel des femmes. Cette conciliation est rendue possible par la présence et le soutien de la mère. Entre mère et fille, le travail domestique circule, la première prenant en charge une partie du travail domestique et la seconde pouvant ainsi rester sur le marché du travail. Pour cette chercheuse, la circulation entre femmes du travail domestique forme un socle sur lequel se construisent à la fois la possibilité de travailler et la prise en charge du travail domestique. Après la naissance des enfants, c'est grâce à la participation active de la mère que la fille demeure en emploi.

Une équipe de chercheuses a examiné la circulation du travail domestique entre femmes, à l'intérieur comme à l'extérieur des réseaux de parenté (Chabaud-Rychter et *al.*) : « Il s'agissait de faire apparaître quels aspects du travail domestique font l'objet d'échanges, quelles femmes sont inscrites dans cette circulation, quelles sont les formes de réciprocité entre elles » (1985 : 76). Cette recherche arrive à la conclusion que la réciprocité des échanges entre femmes et en particulier la « réciprocité différée » dans le temps indique que la « mise au travail domestique » n'est pas limitée à une période du cycle de vie. Toutes les femmes, quels que soient leur âge et leur situation matrimoniale, sont amenées à se substituer à d'autres femmes pour effectuer une partie du travail domestique.

Ces mêmes chercheuses mettent en exergue différentes dimensions de cette circularité: « Le glissement des tâches d'une femme à l'autre qualifie également, à l'extérieur du groupe familial, les relations entre femmes employeuses et femmes employées de maison. Car ce sont encore des femmes qui remplacent ou aident des femmes de la bourgeoisie ou celles qui exercent une activité salariée. Et, si les rapports entre la "maîtresse de maison" et l'employée de maison, femme de ménage, sont à l'évidence des rapports de classe, ces rapports se doublent d'une "relation duelle au cœur même de l'intimité du foyer"… Ainsi, le travail domestique et plus largement le service domestique, lorsqu'on inclut les employées de maison, mettent à jour les relations qui existent à l'intérieur du groupe des femmes – relations d'interchangeabilité relative qui constituent l'ensemble des femmes en tant que groupe affecté au travail domestique et non chaque femme individuellement. Car, par-delà les relations duelles, le face-à-face entre femmes, c'est la permanence de la relation de service aux hommes qu'il s'agit d'assurer » (1985 : 134-135)[23].

---

[23] Les expressions entre guillemets proviennent de l'ouvrage de Geneviève Fraisse (1979), *Femmes toutes mains, Essai sur le travail domestique,* Le Seuil, page 36.

La circularité du travail domestique entre femmes demeure fondamentale. Aujourd'hui, dans nombre de cas, c'est une travailleuse domestique, migrante, fréquemment sans statut légal, qui prend la relève.

3.– Le travail domestique salarié

a) Comment définir et nommer le travail domestique salarié ?

La terminologie est large, du *care*[24] au don, en passant par une prise en compte explicite de la dimension économique, en parlant d'économie domestique. Cette dénomination va généralement de pair avec des revendications syndicales. Néanmoins le terme « économie domestique » est fortement critiqué, car il met de côté ce qui fait la particularité de ce travail, c'est-à-dire une série de tâches encastrées dans du relationnel – du moins dans toute la dimension de soins aux personnes âgées et/ou malades ou encore de prise en charge d'enfants. Alors, quelle est la terminologie à employer pour nommer au plus juste cette réalité ? Celle qui se réfère à un courant féministe, sociologique, syndical ? L'expression « travail domestique externalisé » est la plus adéquate, néanmoins la dimension salariée n'est pas suffisamment explicite, alors qu'elle est essentielle, tant dans la reconnaissance de ce secteur – reconnaissance qui a un impact sur la manière dont le travail domestique est appréhendé – que dans le cadre du processus de régularisation des femmes sans statut légal… Bien que ce soit par défaut, le terme « économie domestique » sera employé dans ce texte.

Nous avons vu dans les pages qui précèdent que la définition du travail domestique n'est pas aisée. Une fois ce travail externalisé et rémunéré,

---

[24] Terme anglo-saxon qui définit une série de métiers de soin et/ou d'aide, que ce soit envers des personnes âgées et/ou dépendantes, malades, des enfants, ou encore d'accompagnement social, psycho-social ou paramédical.

Anderson (2002) formule l'hypothèse que le contenu de ce travail devient plus formel. Elle montre toutefois que le flou autour de champ d'activités ne se dissipe en rien lorsqu'il devient salarié. Cette absence de définitions claires entraîne de profondes implications sur les conditions de travail des personnes employées par ce secteur.

Du côté du Bureau International du Travail (BIT) (cité par Anderson), il existe un descriptif de ce travail : « *Domestic helpers and cleaners. Domestic helpers and cleaners sweep, vacuum clean, wash and polish, take care of household linen, purchase household supplies, prepare food, serve meals and perform various other domestic duties. Tasks include: Sweeping, vacuum-cleaning, polishing and washing floors and furniture, or washing windows and other fixtures; washing, ironing and mending linen and other textiles; washing dishes; preparing, cooking and serving meals and refreshments; purchasing food and various other performing related tasks; performing related tasks; supervising other workers* » (2000: 15).

Cette définition recouvre une partie des tâches effectuées par les travailleuses domestiques, toutefois il manque toute la dimension de soin aux enfants, comme aux personnes âgées et/ou dépendantes, qui est parfois la tâche principale (Anderson, 2000).

Du côté des personnes employeuses, il existe une grande diversité de situations. Dans certains cas, les deux partenaires travaillent à plein temps, dans d'autres, le conjoint travaille à plein temps et sa conjointe à temps partiel, ou encore la femme ne travaille pas du tout à l'extérieur. Ainsi, cette catégorie n'est pas homogène. En effet, elle comprend des couples, avec ou sans enfant, des célibataires, de sexe masculin ou féminin, des personnes qui travaillent à 100%, à temps partiel, des jeunes, ou des personnes âgées qui commencent à avoir besoin d'aide pour effectuer certaines tâches. Les études menées par Gregson & Lowe (1994), ainsi que par Anderson (2000), ont souvent comme modèle de personnes employeuses un couple dont les deux partenaires travaillent à plein temps. En Suisse, beaucoup de couples emploient une travailleuse domestique, bien que la conjointe ne travaille pas à plein temps.

Quant aux formes prises par le travail domestique salarié, elles sont également variées. La majorité des travailleuses domestiques réalisent une partie du ménage et/ou de la prise en charge des enfants, ou encore de soin à des personnes âgées et/ou dépendantes, à des taux d'activité divers (de 2-3 heures par semaine, à des fixes de 10-15 heures par semaine). Certaines d'entre elles sont employées à plein temps dans le même lieu de travail.

Par ailleurs, la répartition des activités dépend du type de tâches (Gregson & Lowe, 1994). Comme le montrent les auteures, certaines sont plus ou moins réparties de manière équitable dans un couple (faire les courses, cuisiner). D'autres tâches quotidiennes sont généralement attribuées à la femme et à la travailleuse domestique (changer les draps, lessive, repas quotidien). Ensuite les activités, telles que le nettoyage et le repassage, sont effectuées uniquement par l'employée de maison. Selon Gregson & Lowe (1994), la travailleuse domestique prend en charge le travail domestique du conjoint et le travail imputé à la conjointe n'est que peu modifié par sa présence.

Une différence majeure permet de conceptualiser le travail domestique salarié : le fait que les employées sont des travailleuses et non des conjointes qui effectuent ce travail de manière non rémunérée (Gaitskell et *al.*, 1984). Selon ces chercheuses, les tâches à réaliser sont identiques pour les travailleuses domestiques et pour les conjointes, mais leur position et leur statut sont radicalement différents ; les relations entre employées de maison et employeuses sont fondamentalement distinctes de celles entre femmes et hommes dans un espace conjugal. Quand le travail est rémunéré, ajoutent-elles, les relations tournent autour du contrôle, de la supervision, du payement adéquat pour un service et de la capacité à employer, comme à licencier une travailleuse domestique.

De même, ce ne sont pas les tâches qui différencient les employées de maison des employeuses, mais le fait que le travail se construit différemment, car la travailleuse domestique s'acquitte du travail domestique, et ceci peut participer à la reproduction du statut de l'employeuse (Anderson, 2000). Selon elle, l'employeuse cherche davantage à acheter des traits de caractères et des qualités morales (présentation, ponctualité, honnêteté, etc.) de la travailleuse domestique que sa force de travail. Comme le souligne également Russel Hochschild (2002), les employeuses veulent davantage qu'une force de travail, elles choisissent un certain type de personnes; en conséquence ce qui est acheté, comme ce qui est vendu – entre les nécessités et les désirs de l'employée et de l'employeuse – relève de processus extrêmement complexes.

Ce secteur de travail est, à la fois, générateur des différences et des divisions entre femmes et, en même temps, il les reflète (Gregson & Lowe, 1994). Toutefois, ce n'est pas uniquement le travail effectué par ces femmes qui les détermine comme travailleuses domestiques, souligne Anderson, car l'employée de maison elle-même devient un moyen de production.

De plus, les travailleuses domestiques sont définies d'une manière très réelle par leurs relations sociales caractérisées par une dépendance personnelle aux personnes employeuses, souvent renforcée par les lois sur l'immigration (Anderson, 2000). Nous verrons dans la partie suivante de ce travail que, suite aux entretiens menés, ces liens, *a priori* propices à la subordination, deviennent également un terrain pour la construction de parcelles de négociation, d'affirmation et de résistance.

b) Une substitution au travail de la femme et de la mère

Le travail domestique salarié, et particulièrement celui qui est en lien avec les enfants, est un phénomène qui bouleverse l'association habituellement faite entre les femmes et une activité non rémunérée effectuée par « amour » (Gregson & Lowe, 1994). Nombre de chercheuses, dont Gergons & Lowe (1994) ; Anderson (2000), démontre que le travail de soin n'est pas une activité comme les autres, la dimension émotionnelle est centrale, principalement entre les femmes, salariées ou non, et les enfants / les personnes dont elles ont la charge. Dans cette situation, la difficulté de nommer l'exploitation qui peut sous-tendre ce type d'activité est mise en exergue. De plus, le risque d'exploitation se trouve considérablement renforcé quand l'employée de maison est considérée et/ou se considère comme un membre de la famille.

Dans la prise en charge des enfants, c'est à la mère, et non aux deux partenaires, qu'il incombe d'organiser son remplacement auprès de son (ses) enfant(s), car l'employée de maison est engagée comme substitut direct de son travail (Gregson & Lowe, 1994). Même dans les cas où les deux partenaires travaillent à plein temps, la conjointe est considérée comme l'employeuse. Leur recherche démontre que les deux conjoints peinent à reconnaître que le travail domestique salarié bénéficie également à l'homme, leur discours se construit sur la possibilité qu'ils puissent tous deux mener une vie professionnelle. Ce lien très vague des hommes au travail domestique influence la manière dont il est externalisé et construit une représentation tenace de substitution au travail de la mère et de la femme.

Selon ces chercheuses, ceci a également une incidence sur la représentation même du travail des employées de maison, car elles intériorisent le fait qu'elles travaillent pour remplacer le travail domestique effectué par la conjointe (nous ne parlons pas de situation de monoparentalité, mais bien de couple). Le temps du conjoint n'entre tout simplement pas dans l'équation. La travailleuse domestique se considère comme une aide à la conjointe, davantage que comme une employée salariée et, de ce fait, le travail devient une faveur qui peut aller au-delà des tâches demandées (Gregson & Lowe, 1994). Elles concluent que ces formes de substitution se construisent entre femmes. Il s'agit manifestement d'un prolongement de la circularité du travail domestique mis en lumière par Chabaud-Rychter et *al.* (1985) et Daune-Richard (1984).

En effet, dans le cas d'une mère qui travaille, différentes chercheuses, dont Delphy (2003) et Anderson (2000), ont démontré que la somme pour payer la prise en charge des enfants tend à être déduite non du revenu des deux membres des couples, mais du seul salaire de la femme. Si la présence d'une travailleuse domestique permet aux femmes de se désinvestir de certaines tâches effectives, elles gardent néanmoins toute la responsabilité tant de la charge mentale, que du développement moral et émotionnel de l'enfant. Cette structure peut être renforcée par les actions et les attitudes du partenaire, par exemple éviter de s'occuper de l'enfant avant le retour de sa partenaire (Gregson & Lowe, 1994). Ces auteurs ajoutent que les employées de maison se considèrent d'ailleurs elles-mêmes comme des mères de substitution, ce qui permet de fusionner plus facilement les tâches ménagères avec les tâches relevant du rôle de mère.

Entre la *nanny*[25] et la femme de ménage, il existe de grandes similarités mais également des différences (Gregson & Lowe, 1994). Ces chercheuses les

---

[25] Comme il n'existe pas de termes adéquats en français (bonne, nurse, celle qui garde les enfants, jeune fille au pair), je garde la terminologie anglophone.

distinguent de la manière suivante : la première travaille à plein temps auprès d'une famille, alors que la seconde possède généralement plusieurs lieux de travail. Avoir plusieurs personnes employeuses augmente le contrôle sur ses horaires de travail et permet, dans une certaine mesure, de les aménager. La travailleuse domestique définit, du moins en partie, les modalités de travail et le matériel utilisé.

Gregson & Lowe (1994) relèvent que le nettoyage est perçu, par les employées de maison, comme se situant au plus bas de la hiérarchie. Cette hiérarchie s'explique, toujours selon ces auteures, par le puissant *stigma* social attaché à cette activité, reconnu d'ailleurs par les travailleuses domestiques, de manière à la fois implicite et explicite. Ce *stigma* reflète l'étroite association entre nettoyage et saleté, mais également avec la saleté personnelle et corporelle et les tabous qui l'entourent. Les tâches associées à la saleté corporelle sont devenues un travail de femmes et il existe de forts tabous sociaux pour les hommes qui accomplissent ce travail (Ungerson, cité par Gregson & Lowe, 1994).

Comment les travailleuses domestiques font-elles face à ce *stigma* social, quelles sont leurs stratégies ? En fait, montre Ungerson (cité par Gregson & Lowe, 1994), les travailleuses domestiques contrebalancent, à leur niveau, la construction sociale de la femme de ménage comme étant *the lowest of the low*, en exerçant une forme de contrôle sur les foyers où elles souhaitent ou non travailler, sur ce qu'elles veulent ou pas nettoyer, et même parfois sur les conditions dans lesquelles elles travaillent. Il ajoute qu'une des seules manières pour les travailleuses domestiques de maintenir l'estime d'elles-mêmes, en effectuant ce travail, est de construire une certaine autonomie sur leur lieu de travail.

V Méthodologie

Une approche qualitative

Différentes étapes ont jalonné ce processus de recherche. Une approche qualitative était primordiale, vu le manque de données sur cette thématique et la nature du sujet. Dans un premier temps, la question de l'accès aux personnes que je souhaitais interviewer s'est posée. En effet, si par ma pratique professionnelle j'étais de manière presque quotidienne en contact avec des femmes sans statut légal, dont la plupart étaient employées dans le secteur de l'économie domestique, il m'est vite apparu que je ne pouvais pas leur proposer de participer à cette recherche. En tant qu'intervenante dans certains aspects de leur quotidien, j'induisais un biais évident sur l'éligibilité de ce qu'elles pourraient me dire. Démarquer ces différentes casquettes, celle de la chercheuse, celle de la permanente d'une association et celle de la militante n'a pas toujours été facile. Notamment dans un cas, où une femme interviewée a eu le sentiment que j'avais une dette envers elle. Cela s'est traduit par des demandes auxquelles je ne pouvais pas, et de loin, répondre, telles que permettre l'accès à des génériques pour le traitement du VIH dans une petite ville d'un pays latino-américain pour une personne de sa famille séropositive, lui trouver un logement ou encore du travail.

Pour rencontrer le groupe femmes du Collectif de Travailleuses et de Travailleurs Sans Statut Légal (CTSSL)[26], le soutien de l'une d'entre elles a été particulièrement précieux. J'ai présenté cette recherche, en espagnol, sur une

---

[26] Ce Collectif s'est créé à Genève au tout début des années 2000. Il est composé exclusivement de femmes et d'hommes sans statut légal. Durant quelques années, les femmes sans statut ont éprouvé la nécessité de se retrouver dans un espace non-mixte, elles ont alors mis sur pied un groupe femme. Ce Collectif a été durant les années 2000 extrêmement actif, au niveau cantonal et national, et a édité régulièrement un journal.

demi-page. Ce texte a circulé dans plusieurs réunions. Par la suite, cette intermédiaire m'a remis les numéros de téléphone des femmes intéressées. Dans ce document, j'ai préféré ne pas mentionner de manière explicite l'absence de statut légal[27]. Lors des premiers entretiens, je donnais à nouveau quelques feuillets de présentation aux femmes interviewées, au cas où elles connaîtraient d'autres femmes susceptibles d'être intéressées. De cette manière, quelques contacts supplémentaires ont été établis. Je n'ai jamais eu de désistement et si je tardais à les rappeler pour fixer un rendez-vous, elles me lançaient un coup de fil – ou s'informaient auprès de celles qui me connaissaient davantage – pour se renseigner sur les raisons de ce retard.

J'ai retranscrit et analysé douze entretiens[28]. Mes interlocutrices étaient toutes d'origine latino-américaine, provenant de la Bolivie (N=5), de la Colombie (N=4) et de l'Equateur (N=3). Ces femmes avaient, en 2004-2005, entre 24 et 48 ans, leur séjour en Suisse s'étendait de 3 à 8 ans, une seule était là depuis moins d'une année. Elles étaient célibataires (N=12), vivant avec leurs enfants ici (N=2), séparées d'eux (N=2) ou n'avaient pas d'enfant (N=8). Elles avaient construit leur vie dans le pays de réception en étant sans statut légal dès leur arrivée. Aucune d'entre elles ne l'était devenue suite à une perte d'autorisation de séjour. Concernant leur formation, toutes avaient achevé l'école secondaire[29]

---

[27] Question que je ne posais d'ailleurs pas lors du premier contact téléphonique, mais une fois que nous étions face à face dans un café, avec une certaine prudence et en baissant le ton, employant des euphémismes. Il n'est pas rare qu'elles m'aient répondu, « vous voulez dire, si je suis illégale » ou encore « si je suis clandestine »? Cela me semble particulièrement significatif de l'intériorisation de leur position sociale et des rapports sociaux dans lesquels elles s'inscrivent. En effet, du côté des personnes qui militent ou qui travaillent sur cette thématique, cette terminologie n'est plus employée, à cause de sa connotation négative. Ne serait-ce pas une forme de revendication et de réappropriation identitaire, comme par exemple, dans d'autres contextes le terme « nègre » – revendication de la négritude dans les années 30 – ou plus récemment celui de « putain » ou « gouine » (Pheterson, 2001) ?

[28] Deux autres interviews ont été effectuées mais elles ne remplissaient pas le critère de ne pas vivre avec un partenaire, elles n'ont donc ni été retranscrites, ni analysées.

[29] A fin de l'école secondaire, généralement vers 16-17 ans, le titre de *bachiller* peut s'obtenir.

(N=12), certaines avaient une formation professionnelle supérieure, telle que secrétariat ou comptabilité (N=3) ou universitaire (N=6), dont une complète et cinq abandons après quelques semestres[30]. Certaines avaient une relation amoureuse au moment de l'enquête, mais elles ne vivaient pas avec leur partenaire[31]. Ce choix s'est fait pour plusieurs raisons. Cette situation personnelle est révélatrice d'une partie des migrations actuelles. De plus, leur marge de manœuvre est nécessairement plus ample que celle de leurs compatriotes ayant émigré avec un partenaire, dans la manière dont se construit leur rapport à leur travail.

Le fait même qu'elles aient accepté de me rencontrer indique qu'elles ne se trouvent pas dans une situation désespérée. Les plus précarisées sont, à mon sens, les plus difficiles à atteindre. Une certaine « stabilisation » de leurs conditions de vie et de travail leur offre une meilleure légitimité pour répondre à une enquête.

J'ai rencontré un vif intérêt et un questionnement sur les raisons qui m'avaient incitée à choisir ce sujet et ce que j'allais faire des résultats :

> « Est-ce que ça va changer quelque chose pour nous, ce que vous faites ? Qu'est-ce que vous allez en faire de ce qu'on vous raconte ? Pourquoi vous vous intéressez à ça, à la manière dont je m'organise dans mon travail ? »

Les interviews ont duré entre 45 minutes et 1heures 45 (enregistrées), à des moments qui leur convenaient, volés entre deux lieux de travail, des fins de semaine ou encore le soir, en une fois, sauf dans deux cas où les femmes avaient

---

[30] Les motifs de ces abandons sont presque toujours liés à des difficultés économiques.
[31] Néanmoins, ces femmes vivent rarement « seules ». Elles habitent soit en colocation, soit avec des membres de la parentèle plus ou moins éloignée. Il est d'ailleurs fréquent qu'elles consacrent une partie de leur temps à la prise en charge des enfants qui résident dans le même lieu.

un temps limité à disposition et un second entretien a été nécessaire. Ils ont été effectués dans un lieu public, un café relativement calme situé au centre de Genève. Les entretiens ont tous eu lieu en espagnol, ils ont été enregistrés et ensuite retranscrits en français dans leur intégralité[32]. Au total, le *corpus* d'analyse représente 400 pages. L'analyse des entretiens a été conduite selon une analyse de contenu classique. Le logiciel *Atlas.ti* a été employé (cf. Annexe III, Analyse de contenu, logiciel et présentation des codes).

Je me suis demandé, dans un premier temps, si pour l'analyse, les femmes qui appartenaient au CTSSL devaient être séparées de celles qui n'en faisaient pas partie. J'ai finalement décidé de ne pas le faire, et ceci pour plusieurs raisons. D'une part, le nombre d'entretiens n'est pas suffisant pour que, si une différence apparaissait, celle-ci soit interprétée. De plus, comment différencier les femmes actives dans ce mouvement de celles qui par le biais de compatriotes ou d'ami·e·s sont influencées par celui-ci ? Par exemple, une des participantes est *leader* du CTSSL, alors que sa sœur, avec laquelle elle vit et qui a également participé à l'étude, n'en fait pas partie. Les réseaux qui se construisent dépassent les frontières d'appartenance à un mouvement. En effet, certaines femmes du CTSSL m'ont mise en contact avec des femmes qui n'en faisaient pas partie. A mon sens, la présence de Collectifs de travailleuses et de travailleurs sans statut légal, que ce soit lors de manifestations diverses, ou dans les médias, a un impact sur toutes les personnes dans cette situation.

---

[32] Sauf parfois, lorsque les derniers échanges portaient sur le processus de régularisation collective ou encore des rumeurs concernant les stratégies politiques à l'œuvre. Ces échanges pouvaient se prolonger longuement, induits peut-être par ma dernière question, « est-ce que vous souhaitez ajouter quelque chose ? ».

Présentation des résultats

Le chapitre VI, Analyse et interprétation, est divisé en trois parties. Dans la première « absence d'autorisation de séjour », j'aborde quelques dimensions découlant de cette situation, les conditions de travail et le « champ des possibles ». Cette expression est liée à la temporalité ; dans le sens où l'absence de statut se révèle sur la durée. Dans la deuxième partie « le travail domestique salarié », je présente les aspects suivants : l'invisibilité de ce travail, les relations aux personnes employeuses, et enfin les stratégies de résistance et d'adaptation. La troisième partie aborde les questions de circularité et d'échanges de service dans le réseau, principalement entre travailleuses domestiques. Par échanges de service, j'entends les pratiques, les conseils et les coups de main qui existent entre employées de maison.

De manière intentionnelle, j'ai choisi, en présentant ces extraits d'entretiens, de maintenir un style oral afin de préserver le ton et la saveur des propos de mes interlocutrices. De ce fait, la langue et la syntaxe s'en trouvent parfois malmenées.

VI Analyse et interprétation

1.- Absence d'autorisation de séjour

Plusieurs dimensions constitutives de l'absence de statut légal ont une influence déterminante sur le rapport au travail domestique, comme sur la relation aux personnes employeuses. Ceci dans un contexte où, quelle que soit l'amélioration des conditions de travail et la durée du séjour en Suisse, il est très difficile d'obtenir une autorisation de séjour. Enfin, deux aspects inhérents à l'absence de statut légal sont abordés, l'état d'anxiété et d'alerte permanente, ainsi que les enfants resté·e·s au pays – pour celles qui en ont – même si ceux-ci ne jouent pas un rôle essentiel dans l'analyse et l'interprétation des résultats.

a) Conditions de travail

Vivre sans autorisation de séjour est une dimension structurant toutes les facettes du quotidien. Pour ne citer que quelques conséquences qui en découlent : l'assignation à certains secteurs de l'économie – en particulier ceux de l'économie domestique et du travail du sexe ; les bas salaires[33]; une déclaration aléatoire aux assurance sociales – cela dépend du bon vouloir des personnes employeuses et du lieu de domiciliation[34] ; un accès périlleux au logement (par le biais de la sous-location) ; le risque de devoir quitter le territoire à tout moment, voire dans certains cantons d'être expulsé·e·s *manu militari ;* l'impossibilité de revoir ses proches resté·e·s au pays ; un risque accru d'exploitation et d'abus ; en cas de violences sexuelles et/ou conjugales, un

---

[33] Si de manière générale les salaires – ou les rémunérations, notamment pour la prise en charge d'enfants – sont bas dans ce secteur d'activité, pour les personnes sans statut légal il est encore plus difficile de revendiquer un minimum salarial ou une augmentation. Le rapport de force n'est guère en leur faveur. Un mauvais travail vaut mieux que pas de travail du tout.

[34] En Suisse, il existe une grande disparité entre les différents cantons. Dans certains, s'affilier aux assurances sociales se conjugue avec risque de dénonciation.

accès entravé à la justice[35]. Néanmoins, dans le cadre de ce travail, l'analyse portant sur les conditions de travail et le rapport au travail domestique, les conditions de vie ne sont abordées que de manière périphérique.

Par conditions de travail, j'entends différents éléments du cadre de travail des employées de maison, tels que les questions de salaire, le moment où il va être versé, les possibilités de refuser des places de travail, les horaires (souplesse dans ces derniers), le temps à disposition pour effectuer les tâches, les modalités d'organisation et la distribution du temps selon leurs propres initiatives, le rythme de travail, les délais de congé, ainsi que les périodes de vacances (si elles existent).

Travail par heure, travail fixe, nettoyage et/ou garde d'enfants

Le travail à l'heure est mieux rémunéré que le « fixe », c'est-à-dire un nombre d'heures constant par semaine :

> « Dans un lieu, on me paye 22, dans un autre 20, et dans celui dont je vous parle, c'est le moins, c'est celui où je suis toute la journée. »

Le salaire dans le secteur de l'économie domestique varie, comme nous l'avons vu, selon le travail demandé : le nettoyage est davantage payé que la garde d'enfants. Selon les travailleuses domestiques, ce constat est incompréhensible, car garder un·e enfant implique une responsabilité bien plus grande. Le travail par heure se situe généralement autour de 20-22 francs[36] ; concernant la garde d'enfant, les tarifs sont nettement plus bas, entre 8 et 12 francs l'heure[37]. Toutes

---

[35] Si la possibilité de déposer plainte existe, leur séjour en Suisse est mis en danger. Elles doivent s'engager, au terme de la procédure, à quitter le territoire suisse. En conséquence, en cas de violences sexuelles ou conjugales, elles renoncent généralement à porter plainte. Ainsi, elles deviennent des « proies de choix ». Cette situation n'échappe guère aux agresseurs.
[36] Au moment de l'enquête de terrain, c'est-à-dire en 2004-2005.
[37] Cette différence de rémunération entre le ménage et la prise en charge d'enfants n'est pas liée à l'absence de statut, elle est pratiquée de manière générale.

les femmes interviewées avaient, au moment de l'enquête, une relative « stabilité ». Elles pouvaient notamment anticiper leurs revenus. Relevons que les salaires et les rémunérations indiqués ne sont pas à prendre comme des standards. Plusieurs enquêtes, notamment celles du Syndicat interprofessionnel des travailleuses et des travailleurs (Sit, 2004), montrent que ceux-ci peuvent être beaucoup plus bas.

Il ressort des entretiens que la modalité de travail qui est généralement préférée est un mélange d'heures hebdomadaires, auprès de différentes personnes employeuses, et un fixe qui oscille entre 15 et 25 heures par semaine. La « stabilité » du fixe tout au long de l'année est un avantage de taille. Généralement, les vacances sont incluses, même si elles doivent souvent être prises en même temps que celles des personnes employeuses.

Le contrat – ou les arrangements de travail – entre employées et personnes employeuses est soumis à un certain nombre de fluctuations. La parole échangée est fondamentale, qu'il s'agisse des horaires, des congés, des tâches à effectuer, du montant et du moment où le salaire est versé. Il n'en existe généralement pas de traces écrites, sauf dans les situations où les employées sont déclarées aux assurances sociales, notamment par le biais de chèque-service (cf. Annexe I) :

> « Elle m'a dit que les vacances étaient payées et là aussi, jusqu'à présent, elle s'est tenue à tout ce qu'elle a dit ».

Voilà, de manière laconique, comment une de mes interlocutrices résume les termes de ses contrats de travail :

> « ...on nous dit, tu viens, tu fais tant d'heures et si tu ne veux plus, tu ne reviens plus, tu dis, non, je ne reviens plus, amène une autre personne si tu peux. »

Les conditions de travail sont marquées par des interruptions. En effet, les personnes employeuses peuvent décider de suspendre du jour au lendemain le contrat. Dans ce cas, les employées de maison sont à la recherche d'indices qui leur permettraient d'envisager la reprise de ce travail, ou au contraire de supposer que leur travail a été attribué à quelqu'une d'autre :

> « Pour dire, maintenant, j'ai un travail qui a été interrompu, alors j'ai demandé au monsieur ce qui se passait, alors, le jour où il m'a payé, il m'a dit que je devais attendre quatre ou cinq semaines et que je revienne au travail, ensuite, en espérant, si dieu le veut, que ça se passe comme ça. J'ai confiance en ce monsieur et je ne sais pas ce qui se passe, je ne sais pas s'il a donné l'opportunité à une autre personne. Je suis dans l'attente. »

Les modifications quant au nombre d'heures de travail dépendent des besoins des personnes employeuses (maladie, voyage, visite de proches). Ceux-ci vont diminuer ou accroître le temps de travail des travailleuses domestiques. Les coups de fil entre employées et employeuses pour modifier les horaires de travail, voire les jours, en fonction des besoins des personnes employeuses, sont monnaie courante.

De même, le nombre de personnes employeuses et, de ce fait, de lieux de travail, varie également selon les saisons. Les entretiens révèlent que l'été est une saison creuse, car la plupart des personnes employeuses partent en vacances. Ainsi le nombre d'heures de nettoyage tend à diminuer, ce qui entraîne une perte financière :

> « Normalement, je travaille chez une quinzaine de personnes (par semaine), ce qui se passe, c'est que maintenant, en été... je travaille avec les mêmes personnes, mais comme les gens sont partis en vacances, cela diminue... »

Pour les employées de maison, travailler dans le secteur de l'économie domestique est vécu comme physiquement exigeant. Ce travail use rapidement le corps et la santé, tout particulièrement les tâches qui composent le « ménage ». Par ailleurs, en comparaison à d'autres expériences professionnelles effectuées dans le pays d'origine, elles considèrent le travail domestique salarié comme ce qu'il y a de plus difficile :

> « ...je n'avais pas travaillé aussi dur avant (rires), c'est fatiguant, mais ça n'occupe en rien mon esprit. »

Le rythme de travail est rapide et, de plus, il est difficile de s'aménager des temps de pause. Notamment dans le travail par heure, car une des caractéristiques qui définit une « bonne » employée est sa rapidité à exécuter les tâches. Cette compétence est essentielle pour dénicher de nouvelles opportunités de travail, par le biais de recommandations[38]. Le travail fixe est une modalité qui permet un rythme de travail moins soutenu:

> « Quand on travaille dans le nettoyage, c'est fatiguant, au moins quand c'est fixe on sait qu'on va se reposer au moins une ou deux heures. »

Par ailleurs, les difficultés croissantes pour obtenir du travail ressortent des entretiens. Ceci est dû, d'une part, à une offre qui dépasse la demande, comme si le marché du travail dans le secteur de l'économie domestique commençait à se saturer :

> « C'est tellement difficile, il y a beaucoup de personnes qui cherchent ».

---

[38] Les recommandations auprès de nouvelles personnes employeuses sont des atouts de taille. Elles permettent de négocier plus favorablement les arrangements de travail (cf. Chapitre VI, 3. Circularité et échanges dans le réseau).

D'autre part, les exigences des personnes employeuses ont tendance à augmenter. Un titre de séjour est de plus en plus souvent requis, ainsi qu'un permis de conduire, ou encore un niveau élevé de français :

> « On m'a demandé si je savais conduire, parce que plusieurs (d'entre elles), leurs enfants, elles veulent qu'on aille les chercher à l'école, alors je ne remplissais pas ces exigences, alors, c'est pour ça que j'ai moins de travail. »
>
> « Parfois, ils demandent une personne qui parle bien le français, pour le travail, il faut bien parler le français pour les enfants et quelquefois, quand on vient d'arriver, on nous paye moins, à cause de ça. »

A cela s'ajoute que les personnes, ici depuis peu, acceptent de travailler pour une rémunération nettement inférieure[39] :

> « Il y en a qui te font de la concurrence, parce qu'elles veulent travailler pour moins de valeur et tout. »

Une baisse du taux d'activité découle parfois d'une réduction des heures de travail auprès d'une même personne employeuse. Les distances entre les différents lieux de travail, associées à un nombre moins élevé d'heures de travail, rendent les journées lacunaires. En effet, moins il existe de « trous » entre les différents lieux de travail, mieux le revenu mensuel sera assuré :

> « Mais ces deux dernières années, il n'y a plus de travail, les gens ne veulent pas employer, ils disent que non, qu'il n'y a pas d'argent, une heure, deux heures, un petit peu, parce que les maisons sont loin, à Versoix, à Coppet, là on ne va pas parce que c'est très loin, entre l'aller et le retour, c'est une heure, et on (nous) paye pour deux heures, une heure et demie. »

---

[39] Cela génère de fortes tensions entre les « anciennes » et les « nouvelles » dans ce secteur d'activité.

Parallèlement, il ressort des entretiens que les nouvelles personnes employeuses ont tendance à diminuer le salaire horaire des employées de maison:

> « Avant, c'était mieux, je travaillais plus et je gagnais jusqu'à 22 francs l'heure, maintenant, c'est 20, 18 ou 15 (francs) l'heure. »

Le temps perdu est fréquemment mentionné par les employées qui travaillent par heure:

> « ...je termine aux Pâquis et ensuite je dois aller, pour dire, par exemple à Onex. C'est un temps que tu perds. C'est difficile de trouver des heures dans le même quartier. »

Les employées préfèrent les maisons aux appartements, car le temps de travail est ainsi plus long. De plus, si elles ont la chance de ne travailler qu'en maison, le nombre de lieux de travail comme les temps de déplacement diminuent, bien que cela implique des trajets vers des localités parfois fort mal desservies par les transports publics:

> « Parce que là (à la campagne), ce sont des maisons, à Genève ce sont des studios ou des petits appartements. Alors, les gens, ici à Genève, nous donnent toujours une heure, ou une heure et demie, ou deux heures, ou trois, mais là-bas comme ce sont des maisons, on nous donne quatre ou cinq heures. »

b) Le champ des possibles

Nous l'avons vu, l'absence de statut structure les facettes du quotidien et prend toute sa signification sur la durée. En effet, les mois, puis les années dévoilent l'ampleur des conséquences qui en découlent. Avec le temps, le sentiment d'impuissance s'exacerbe, même si, et cela peut sembler paradoxal, une amélioration des conditions de vie et de travail se retrouvent dans tous les entretiens. Ceux-ci révèlent effectivement un lien entre les conditions d'exercice du travail et une amélioration de la situation. Car, quels que soient les degrés de

« stabilité » atteints, ils ne parviennent en aucun cas à compenser l'absence de statut. En effet, toute forme de « stabilisation » augmente les confrontations à des impossibilités, telles que reprendre des études, travailler dans un secteur proche de la formation initiale et/ou de l'expérience professionnelle acquise dans le pays d'origine, être locataire d'un appartement ou d'un studio, obtenir une autorisation de séjour :

> « ...non, non, ce n'était pas une surprise, j'en étais consciente, j'étais déjà partie comme ça (sans avoir de permis), j'avais déjà travaillé dans la même chose, ce n'était pas neuf pour moi, je le savais, (toutefois) on vient avec la mentalité de vouloir avancer et avec la situation qu'on rencontre, on ne peut pas, vous le voulez, mais vous ne pouvez pas, vous ne pouvez pas obtenir de papiers, vous êtes toujours en train de chercher... »

Les mois et les années conduisent parfois à une détérioration. Dans les entretiens, le durcissement des conditions de vie et de travail est abordé de manière fréquente. Cette péjoration se rencontre dans les parcours de femmes qui ont dû quitter différents lieux de travail, notamment après avoir eu un·e enfant ; suite à un départ de Suisse, par exemple pour tenter sa chance en Espagne; ou pour un retour au pays, qui n'a pas permis l'insertion souhaitée :

> « Avant, j'envoyais plus, pour qu'ils économisent, pour qu'ils achètent ceci ou cela, mais maintenant plus, je ne gagne plus autant. »

La structure narrative des entretiens se construit entre évolution et dégradation, entre des étapes dont les travailleuses domestiques se sont éloignées, et une progression réelle ou phantasmatique qui permet – actuellement ou dans un futur proche – un peu de répit ou de « stabilité » :

> « Ou là là, si je commence à compter, j'en ai eu beaucoup, j'en ai eu beaucoup... Comme je te disais au début, j'ai eu un travail, je suis restée un certain temps, parce que je n'avais rien d'autre, et quand j'ai trouvé quelque chose de mieux, j'ai changé. Et quand j'ai changé, je le leur ai dit

avec un mois d'anticipation. Parfois elles ont été embêtées, parfois... Je leur demande si je peux leur laisser une autre personne, mais je leur dis aussi que j'ai le droit de chercher quelque chose de mieux. »

La recherche de nouvelles opportunités de travail s'effectue à partir des lieux de travail des employées de maison. Dans un premier temps, il s'agit d'accepter la situation et la rémunération actuelle, de se contenter de gagner peu et mal :

« Elles (les travailleuses domestiques) préfèrent rester dans leur travail et voir si, ensuite, elles vont obtenir quelque chose de mieux. Justement, le milieu te fait perdre, je ne dirais pas la dignité, mais un peu d'orgueil, et alors tu te dis, peut-être que je reste ici, je gagne un peu d'argent et quand je trouve quelque chose de mieux, je quitte ce travail. »

La temporalité dans le pays de réception, si elle a un début bien marqué, une date d'entrée parfois inscrite dans un passeport accompagnée d'un visa, se dilue dans un quotidien façonné par l'absence d'autorisation de séjour. Plusieurs interlocutrices soulignent leur désir de rentrer au pays, mais dans la pratique, celui-ci n'est pas envisageable, et ceci pour des raisons qui évoluent au cours du temps. Il peut s'agir de la somme qu'elles espèrent économiser et envoyer au pays, ou de la situation familiale à laquelle elles pensent échapper, au temps nécessaire au remboursement de la dette (voyage ou hypothèque de la maison) ou à l'achèvement des études des enfants dans le pays d'origine. A cela s'ajoute que les nouvelles des personnes rentrées, ou des membres de la famille resté·e·s au pays, demeurent mauvaises. Ces informations jalonnent le quotidien, éloignent le retour et le rendent de plus en plus incertain[40].

---

[40] Ces mauvaises nouvelles permettent de mieux supporter le quotidien du pays de réception, au travers de comparaisons, et de pouvoir ainsi « tenir le coup » (cf. Chapitre VI, 2. Stratégies de résistance et d'adaptation).

c) Un temps libre ?

Le temps de travail est étroitement associé à un revenu, alors que toutes les activités qui entourent le travail rémunéré et qui ne sont pas directement liées à un gain, appartiennent à la partie dite du temps libre. Par exemple, les travailleuses domestiques considèrent que le temps dédié à la recherche d'autres opportunités de travail, ou au réseau[41], est libre.

Le temps libre, c'est-à-dire l'espace temporel que les travailleuses domestiques occupent de la manière souhaitée, voire même de façon anticipée, est quelque chose de rare. Il indique que l'argent gagné est estimé suffisant et que les conditions de travail sont jaugées comme bonnes ou du moins acceptables. Les employées de maison ne se trouvent pas acculées à la recherche d'autres alternatives de travail. Une fraction du temps libre est mise à la disposition du réseau, que ce soit un coup de main, un accompagnement lors du premier entretien ou lors d'une démarche administrative, par exemple pour servir de traductrice (cf. Chapitre VI, 3. Circularité et échanges dans le réseau).

Selon les propos de mes interlocutrices, le temps libre, comme son émergence, est appréhendé de différentes façons. Il est considéré comme temporaire, ou comme faisant partie d'une philosophie de vie, ou encore comme un poids, comme quelque chose d'angoissant qu'il va falloir meubler, afin d'éviter que les pensées ne s'emballent :

> « Je me demande, qu'est-ce que je vais faire, je vais à la maison, mais je vais pas à la maison, parce qu'à la maison je commence à penser, je m'ennuie, alors je vais quelque part, j'appelle une amie, ou je vais accompagner quelqu'une à son travail et le temps passe

---

[41] J'utilise le terme de réseau dans le sens de liens qui existent entre personnes se trouvant dans une même situation.

comme ça, et pour la nuit, j'étudie (le français) et comme ça, le temps passe. »

Les plages de temps libre prennent parfois au dépourvu, les employées de maison ne s'y attendant pas. Ce temps ponctuel est fréquemment le résultat de la fluctuation des horaires de travail. Dans ce cas, il semble leur appartenir et peut devenir un espace de repos :

> « Non, non, je suis à plein. Je viens de faire une pause dans un travail, parce que ma cheffe a été à l'hôpital et tout, en plus son fils est parti en Afrique pour trois mois, alors ces jours, je vais les dédier pour moi, rester tranquille. »

La disponibilité favorise des activités régulières, telles que suivre un cours, s'affilier et militer dans un syndicat ou participer au Collectif de Travailleuses et de Travailleurs Sans Statut Légal (CTSSL):

> « Maintenant je fais des choses que je n'aurais jamais pensé faire dans ma vie.... en allant au cours au syndicat, je n'aurais jamais pensé m'associer au syndicat parce que ça prend du temps, la semaine passée je me suis inscrite à un cours de danse, je suis à l'université ouvrière, pour le français. »

Le temps libre participe à l'amélioration du cadre de travail et permet, dans une certaine mesure, d'éviter une situation d'épuisement :

> « Quand on travaille trop, on attend avec impatience le vendredi pour avoir la fin de semaine, avant c'était comme ça, je crois qu'en janvier j'ai été tellement saturée par le travail, que ça aussi ça a fait que je me suis fatiguée, alors j'ai décidé d'avoir du temps libre, d'avoir un peu de temps libre durant la semaine, parce que le moment arrive où le corps se sature et on se fatigue du travail et la tête aussi, on se fatigue et on ne veut plus rien savoir. »

Les conditions de travail liées à l'absence de statut et à la spécificité de ce secteur d'activité – l'économie domestique – attestent d'une perméabilité[42] forte. En effet, tracer une ligne de démarcation entre temps libre et temps de travail est particulièrement ardu. Les employées de maison, dans la première phase de leur parcours migratoire, doivent « compléter », c'est-à-dire trouver du travail à tout prix, afin d'augmenter et de diversifier leur source de revenu pour s'en sortir, financièrement parlant. De plus, les fluctuations des taux d'activité empêchent de se projeter dans un moyen terme. Les conditions de travail et le contexte de vie ne permettent que difficilement d'instaurer un espace de repos régulier dans le temps, même si certaines travailleuses domestiques y parviennent.

d) Aspects inhérents à l'absence d'autorisation de séjour

Dans cette partie, je ne fais qu'évoquer les aspects concernant un état anxiogène et les enfants resté·e·s au pays. Bien que ces dimensions se situent à la lisière de ce champ de recherche, elles sont néanmoins constitutives du quotidien des personnes sans statut légal.

État anxiogène et absence d'autorisation de séjour

Les propos de mes interlocutrices démontrent que les références à un état anxiogène ne sont que peu présentes. Ce n'est pas un élément qui semble *a priori* essentiel. Il n'apparaît explicitement que dans la moitié des entretiens, néanmoins il peut être suffisamment intériorisé pour ne plus être nommé. Par ailleurs, le fait que ces femmes aient acquis une certaine « stabilité », qu'elles vivent dans un canton relativement ouvert, socialement et politiquement parlant, envers les personnes sans statut légal – où se trouve notamment un Collectif de

---

[42] La porosité entre sphères privée et professionnelle concerne toutes les catégories de travailleuses/eurs, toutefois à des degrés différents.

soutien aux sans-papiers, ainsi que plusieurs Collectif de migrant·e·s – influence, à mon sens, la manière dont cet état d'alerte permanent est vécu.

Les références à un état anxiogène peuvent être directes, par exemple, lorsque cette émotion est mentionnée comme telle, ou filtrer au travers de stratégies, comme éviter certains lieux ou certaines activités. Toutefois les expériences, face à des circonstances générant un état anxiogène sont parfois de seconde main. Les employées de maison sont confrontées à toute une série de rumeurs, sous la forme d'histoires plus ou moins véridiques, racontées par des personnes qui vivent la même situation, l'ont vécue, ou par des personnes cherchant à les « aider » (personnes logeuses, employeuses, certain·e·s compatriotes avec lesquel·le·s elles entretiennent des liens de dépendance). Ces rumeurs nourrissent leur propre anxiété, même si elles-mêmes n'ont pas vécu d'expériences similaires. En effet, tout se passe comme si éviter de mentionner un état anxiogène et la peur, ou instaurer une distance par le biais du vécu d'une tierce personne, permettait de les conjurer :

> « Parfois on a un peu peur, parce qu'on entend toujours les gens en parler, les autres sont un peu nerveux. Il y a toujours ce thème-là. Mais pour moi, grâce à dieu, il ne m'est jamais arrivé de situation... Mais on a toujours peur. C'est inévitable, par exemple si on voit une voiture de police, on sent un peu la peur, parce qu'elle est là, alors on essaye de rester tranquille, c'est comme un courant électrique qui vous traverse. »

Dans une première phase, l'entourage, dans le pays de réception, met en garde la personne nouvellement arrivée, détaillant les conditions de vie et de travail auxquelles elle va être confrontée, et la prépare de manière très concrète à l'existence de « sans statut légal », c'est-à-dire apprendre à faire attention en toute situation. D'autant plus que, en cas de contrôle de police qui débouche sur une visite domiciliaire, ce sont toutes les personnes avec lesquelles l'employée de maison vit qui se trouvent en danger :

> « La peur de la police, c'est la première chose quand on arrive. Le premier contact, je pense que c'est très important, et ce premier contact, c'est un contact de peur, d'attention à ceci, d'attention à cela, d'attention constante envers la police. »

Dans un deuxième temps, un processus de distanciation de cet état anxiogène se met en place. Les travailleuses domestiques apprennent à éviter de se laisser gagner par celui-ci, malgré leur situation :

> « Bien sûr, au début, c'était plus fort, c'était pire, maintenant c'est moins, on se laisse pas prendre, je ne dis pas qu'on a perdu complètement la peur, non, mais ce n'est pas comme avant, au début, quand on venait d'arriver, on était vraiment très nerveux. »

Les personnes engagées dans le CTSSL, ou appuyées par un syndicat ou par un Collectif, ont un lien plus « rationnel » à cet état anxiogène, car elles possèdent des informations fiables – autant que faire se peut – par exemple sur les répercussions d'un contrôle de police.

Les enfants au pays

Celles qui sont mères émigrent souvent, dans un premier temps, seules. Elles recherchent un cadre de vie et de travail qui soit favorable à la venue de leurs enfants (logement, horaires de travail, revenu, etc.), tout en sachant qu'elles n'ont pas droit au regroupement familial et que leurs enfants vivront également sans autorisation de séjour. Dans ce contexte, certaines migrantes « choisissent », de manière temporaire ou non, de laisser leur(s) enfant(s) au pays. Leur rôle de mère s'exerce à distance, avec des intermédiaires, qu'elles rémunèrent elles-mêmes :

> « C'est une dame qui me la garde, parce que ma maman est très vieille et elle ne peut pas la garder. La dame vit tout près et elle maintient la maison, toujours, elle est toute la journée là, mais elle demande pas cher. »

Au travers des paroles de mes interlocutrices, le lien qui se crée à distance, et qui ne correspond pas à certaines normes, engendre une intense culpabilité et une grande souffrance :

> « Mes trois enfants, ils vivaient avec moi et (en émigrant) je les ai laissés en Bolivie et j'allais devenir folle, je pleurais jour et nuit. »

Le temps qui passe est considéré comme ne pouvant pas être rattrapé, avec la crainte sous-jacente que les enfants ne reconnaissent plus leur mère :

> « C'est bien difficile, on ne les voit pas grandir, les années passent et on ne peut pas les récupérer et vivre avec la peur que, quand vous rentrez, ils ne se souviendront peut-être plus de vous. »

Face à la souffrance, elles élaborent différentes stratégies pour pouvoir affronter la séparation, telle que la prise de distance avec les enfants dont elles s'occupent :

> « Quand je suis arrivée, je m'étais tellement préparée psychologiquement que durant une année et demie, ça ne m'a pas fait tant souffrir, le fait d'être loin de mon fils (...) quand je travaillais avec d'autres enfants, je ne sentais pas tant d'affection, il y avait une barrière et ensuite, comme le temps a passé, j'ai commencé à ressentir de l'affection pour les enfants avec lesquels je travaillais et ça fait plus (davantage) mal, ça fait plus (davantage) mal. »

Par ailleurs, cette situation a une forte incidence sur la manière dont peuvent être pris en charge des enfants dans le pays de réception, notamment au niveau d'une

« transplantation des affects » (Russell Hochschild, 2003) :

> « L'affection que je peux pas leur donner maintenant, je vais la donner à cette créature que je garde maintenant. »

Ce transfert peut également continuer, une fois que les enfants ont rejoint leur mère dans le pays de réception. En effet, celle-ci se sent dans certains cas plus proche de l'enfant qu'elle garde que de ses propres enfants.

Selon Russell Hochschild (2003), les travailleuses domestiques qui ont des enfants expérimentent de fortes tensions, car elles deviennent pourvoyeuses de leur propre famille, alors que leurs enfants sont gardé·e·s et élevé·e·s par une autre femme – membre de la parentèle et/ou travailleuse domestique – tant dans le pays d'origine que dans le pays de réception. Généralement, ajoute-t-elle, celle-ci reçoit une certaine somme par mois pour en prendre soin. Comme l'explicite cette chercheuse, il existe une « chaîne globale de soins » ou *global care chain* entre ces femmes, chacune à la fois employée et employeuse, prenant soin d'enfants qui ne sont pas les leurs, avec des revenus différents selon leur emplacement géographique dans cette chaîne.

Comme le soulignent Catarino & Morokvasic (2005), les mères se retrouvent bien souvent seules à endosser la culpabilité de ne pas vivre auprès de leur(s) enfant(s). Comme si elles portaient seules la responsabilité de l'éducation de leurs enfants et, de ce fait, des « erreurs » et des « manquements » que celle-ci peut contenir. Avec le risque, ajoutent ces chercheuses, que le reproche de la « mauvaise mère » comme conséquence d'une émigration ne pèse que sur leurs épaules. En effet, les recherches sur les formes que peuvent prendre la paternité transnationale ne sont pas légion, concluent-elles.

Salazar Parreñas (2002) souligne que dans certains pays d'origine, les autorités diffusent toute une série de messages à l'intention des femmes potentiellement migrantes pour leur rappeler les conséquences de leur absence auprès de leur famille et plus particulièrement auprès de leurs enfants. Les autorités, notamment aux Philippines, encouragent les femmes ayant déjà un certain âge à émigrer.

Ne serait-ce pas, encore une fois, une tentative pour enfermer les femmes dans leur rôle de mère, les rendant responsables des conséquences que cette situation peut provoquer, permettant ainsi de nourrir les représentations du sacro-saint modèle familial « normal » ?

Salazar Parreñas (2002) mentionne la nécessité d'un lien de qualité et pérenne entre la personne qui prend en charge l'enfant et celui-ci. De même la manière dont les proches explicitent le contexte à l'enfant, et comment lui-même se le représente, est fondamental. Selon elle, ces différentes dimensions influencent fortement la manière dont la séparation est vécue.

Catarino & Morokvasic (2005) analysent que si les stratégies des mères transnationales peuvent déboucher sur des recherches passionnantes, il y a également un risque de les aborder, encore et toujours, en lien avec la sphère reproductive. Ces chercheuses démontrent également les difficultés de se représenter les femmes migrantes en dehors du rapport production-reproduction, et de réussir à les extraire de la famille et des relations familiales.

Synthèse

De ces différentes dimensions illustrant l'absence de statut, plusieurs points sont centraux. Il existe deux grandes modalités de travail, souvent combinées entre elles : les tâches ménagères (dans le sens d'une liste de tâches à effectuer) et la prise en charge d'enfants. Si le travail fixe entraîne une certaine « stabilité », il va de pair avec un revenu moindre que celui perçu en travaillant par heure. Les employées de maison sont confrontées à un durcissement du marché du travail qui restreint leurs possibilités de travail. En conséquence, « choisir » leurs lieux de travail devient plus difficile même si, comme nous le verrons plus loin, une marge de manœuvre demeure possible.

Le sentiment d'immobilité est constitutif du fait d'être sans statut légal. En effet, le temps qui s'écoule accentue les limites liées à l'absence d'autorisation de séjour. Même si une certaine « stabilité » a pu être acquise, celle-ci n'est jamais satisfaisante, car elle ne permet pas de s'extraire de la catégorie de sans statut légal. Concernant les aspects périphériques liés à l'absence de statut, un état anxiogène est une dimension prégnante, quel que soit le degré de son apprivoisement. Quant à celles qui ont des enfants au pays, l'éloignement est générateur d'une grande culpabilité et de souffrance.

2.- Travail domestique salarié

Plusieurs dimensions permettent d'analyser le travail domestique salarié : l'invisibilité du secteur de l'économie domestique ; les relations que les employées de maison construisent et entretiennent avec les personnes employeuses ; les stratégies de résistance et d'adaptation qu'elles mettent sur pied pour effectuer leur travail.

a) Invisibilités

Comme nous l'avons vu, le travail domestique a longtemps été exclu d'une analyse du travail productif. La prise de conscience de son ampleur s'est produite dans les années 1960-1970. A partir de ce moment, de nombreuses chercheuses ont analysé ce travail et investigué les raisons de l'absence de données. Trois facteurs alimentent cette invisibilité : ce travail s'effectue dans une sphère intime et privée, en grande partie gratuitement. De plus, il demeure, externalisé ou non, assigné aux femmes (cf. Chapitre IV, Travail et économie domestique). L'invisibilité du travail domestique ne serait-elle pas une dimension structurante ?

Les indicateurs suivants cernent la question de l'invisibilité : la façon dont les travailleuses domestiques ont acquis ce savoir-faire, la description que donnent les femmes de leur travail, les manières dont le travail domestique est délégué par les personnes employeuses, leurs représentations relatives à la répartition du travail domestique dans les foyers où elles travaillent, les remarques faites sur le travail effectué et la connaissance que possèdent les personnes employeuses de l'absence d'autorisation de séjour de leur employée de maison. Enfin, la relation que les travailleuses domestiques entretiennent à leurs propres tâches ménagères donne quelques indications sur ce qui différencie le travail ménager fait pour soi du travail domestique effectué pour autrui.

Le savoir-faire

L'acquisition[43] du savoir-faire et des connaissances nécessaires pour devenir une travailleuse domestique a été abordée de manière sommaire dans les entretiens. Cette dimension permet de comprendre pourquoi ce travail est effectué presque uniquement par des femmes et pour quelles raisons les compétences nécessaires sont considérées comme « évidentes» et « naturelles »:

---

[43] Ybargüen (1999) a consacré un mémoire de licence à l'ensemble des apprentissages que toute travailleuse domestique doit maîtriser pour répondre aux exigences professionnelles des personnes employeuses. Elle analyse les stratégies mises sur pied pour devenir une "pro" du ménage dans un contexte d'absence d'autorisation de séjour.

« En Bolivie, je travaillais déjà avec des enfants et le fait de m'occuper de mes petits frères... ».

Etre une petite fille semble suffire pour nourrir ce savoir-faire-là :

« Comme j'étais une femme et que je vivais avec des hommes, deux hommes, mes frères, je devais faire les choses de la cuisine et quand j'étais plus petite, je devais faire les choses de la lessive et de repassage en plus ».

Ainsi, nettoyer semble être une activité exercée dès la petite enfance :

« Alors depuis petite, je me suis habituée à nettoyer, alors ce n'est pas quelque chose qui me dérange ».

D'après leurs propos, même les femmes qui ont grandi en ayant des employées de maison et qui, une fois adultes, ont externalisé une partie ou la totalité de leur travail domestique, en savent suffisamment pour travailler dans le secteur de l'économie domestique. Tout se passe comme si les compétences pour exercer ce métier ne peuvent qu'être présentes, soit de manière passive, soit de manière active, sauf dans certains domaines comme la cuisine, où l'apprentissage ne s'est pas fait « de lui-même » et demeure lacunaire :

« Parce que je ne cuisinais jamais chez moi, alors, je ne suis pas très experte en cuisine. »

Néanmoins, certaines employées de maison se sentent déphasées face à leur nouvelle activité :

« Au début, ça a été un peu difficile pour moi, parce que je suis venue et dans mon pays, je n'avais jamais travaillé dans une maison, je travaillais dans un bureau avec un ordinateur, (c'était) une autre vie, une autre relation. »

Par ailleurs, l'apprentissage dans le pays de réception s'effectue également au niveau de l'utilisation des produits de nettoyage et des machines :

> « La seule chose qui change ici ce sont les machines, il faut connaître les produits, comment les utiliser. »

Tout se passe comme si chaque femme, de par sa socialisation, est préparée à devoir assumer, un jour ou l'autre, ses proches tâches ménagères et celles, domestiques, des autres (cf. Chapitre IV, 2. La circularité du travail domestique). Cet apprentissage s'effectue de manière largement implicite.

Répétition, dispersion et éclatement du travail domestique salarié

La répétition, l'éclatement, comme la dispersion, participe de l'invisibilité de ce travail et renforce la difficulté de le « saisir ». Comme nous l'avons vu, les travailleuses domestiques ne travaillent pas dans une seule place de travail, mais dans plusieurs. Ce manque de structure spatio-temporelle génère une perte de repères dans le déroulement du travail. Le code « situationnel/invisibilité » se rapporte à la description de différents lieux de travail. C'est, et de loin, le code dont la fréquence est la plus élevée :

> « Les lundis et les jeudis, je travaille dans la maison d'une dame, d'un couple qui a un bébé, je travaille en faisant du nettoyage dans sa maison, 4 heures les lundis et 3 heures les jeudis, ça c'est un travail, un autre travail que j'ai, c'est les mardis, tout le matin, jusqu'à 13 heures et les jeudis de 14 heures jusqu'à 19 heures, dans la maison d'une autre famille aussi, je travaille aussi en faisant du nettoyage et de temps en temps, en gardant des enfants de la dame, le mardi après-midi, je travaille dans la maison d'une autre dame, 4 heures, les mercredis je travaille dans la maison d'une autre dame, les matins, 3 heures et l'après-midi je travaille dans la maison du fiancé d'une autre de mes cheffes, durant 3 heures aussi et les vendredis, le matin je travaille dans la maison d'un couple qui est

âgé, de 8 heures du matin à 11 heures et demi et les samedis, chaque 15 jours, je travaille dans la maison d'une autre dame, durant trois heures. »

Différents éléments, tels que l'arrivée de nouveaux membres dans une famille, un problème dans le cadre du travail, un changement de personnes employeuses, un engagement dans une église, dans un syndicat ou dans un Collectif, construisent des repères chronologiques dans la dispersion et l'éclatement du travail.

Les phases du parcours professionnel et migratoire sont jalonnées par des changements de personnes employeuses. Lors des entretiens, ces changements me permettaient de revenir sur certains événements, comme de construire, de personne employeuse à personne employeuse, une continuité entre les travaux actuels et les précédents :

« Quand vous étiez chez la dame italienne »
ou encore

« Qu'est-ce qui s'est passé après avoir quitté la dame maniaque... non, pas celle-là, celle qui avait un chien. »

Modalités d'externalisation du travail domestique

Les manières dont le travail domestique est externalisé – c'est-à-dire les façons dont les différentes tâches sont détaillées ou non – révèlent la conception que l'employeuse développe du travail de l'employée et de ses propres attentes. De là découle la nécessité de connaître les modes de faire dans ce secteur et de développer une capacité d'adaptation aux différents lieux de travail, afin d'optimiser les chances d'obtenir et de garder sa place de travail :

« ...elles te demandent si tu as déjà travaillé, parfois, il peut y en avoir une qui te dit de repasser une chemise, pour voir comment...

mais normalement quand tu connais déjà ton travail, c'est comme si tu t'asseyais devant une machine et tu sais comment ça s'écrit... parfois, quand c'est la première fois, quand tu ne sais pas à quelle classe de personnes tu as affaire, tu es nerveuse, mais tu connais ton travail, ce que tu dois faire. Cela dépend aussi et cela va varier de chaque coutume de chaque famille, parce que chaque famille a des coutumes différentes, alors le plus logique, c'est que tu demandes ce qui leur plaît, si ça leur plaît, la manière dont tu fais les choses. Alors, comme ça, tu connais peu à peu chaque personne, chaque famille, et comme normalement je travaille dans plusieurs endroits et pas dans un seul, je préfère demander. »

Les goûts et les coutumes relatives à la manière dont une maison doit être tenue varient fortement entre les personnes employeuses. A partir de ce constat, les employées les observent et/ou les interrogent, afin de pouvoir répondre à leurs besoins et désirs. Travailler pour des personnes employeuses dont les exigences sont supérieures à la moyenne favorise une adaptation aux modes de faire ultérieurs :

« ...quand je parle avec l'Italienne, parce que nous nous voyons parfois, nous nous saluons et nous parlons et je lui dis que je n'ai jamais connu de maison aussi propre que la sienne et que grâce à ce que j'ai appris à nettoyer là, je peux me donner le luxe de cesser les travaux qui ne me conviennent pas. »

Les tâches déléguées demeurent souvent implicites. En effet, il s'agit par exemple d'entretenir la maison, laissant à l'employée le soin de « sentir » ce qui doit être effectué. La délégation des tâches doit, dans certains cas, suivre un ordre particulier ou certaines manières de faire circonstanciées par l'employeuse, qui se trouvent parfois à l'opposé de celles de l'employée :

« La dame me dit d'abord de passer l'aspirateur et ensuite de nettoyer... alors... alors on accepte, on s'accommode à ce qu'elle veut... »

Certaines employeuses formulent parfois des demandes plus personnelles, telles que de petits travaux de couture, des repas particuliers ou prendre soin d'un animal domestique. Ces requêtes, si elles sont exprimées avec tact et gentillesse, sont parfois acceptées par les employées. Une des manières de les éviter est de jouer à celle qui ne sait pas les effectuer ou de les accepter de manière exceptionnelle, tout en laissant entendre que cette faveur sort de l'ordinaire.

Concernant les pratiques de délégation, ce qui sort de l'habituel est spécifié (déposer ou reprendre des habits au pressing, faire un à fond, par exemple) par oral ou par écrit, par une note, un coup de téléphone, un message sur le téléphone portable ou encore de vive voix. Les tâches demandées sont établies lors du premier entretien ou dans les premiers temps d'un nouveau travail. Dans certains lieux de travail, l'employeuse explicite également les charges qui relèvent de sa responsabilité, ou de celle des enfants, comme par exemple s'occuper d'un animal domestique ou ranger une chambre. Pour le travail courant, il n'existe pas de listes d'activités spécifiques à effectuer ou de notes. Pour celles qui préparent de manière ponctuelle ou quotidienne les repas, l'employeuse précise préalablement le nombre de convives, ainsi que le repas souhaité.

Une employeuse qui rappelle constamment les tâches à réaliser devient une source de stress. Elle rend ainsi les conditions de travail plus difficiles pour les employées. Celles-ci apprécient, au quotidien, peu d'échanges sur les activités à accomplir.

En ce qui concerne la prise en charge des enfants, les personnes employeuses définissent rarement, de manière précise, le travail à effectuer :

> « Ils te disent comme ça (ton moqueur), c'est pour garder les enfants, et quand tu es déjà en train de les garder (ils te disent), oui

mais quand les enfants sont à l'école, ou quand ils viennent ou quand ils font la sieste, mais tu peux faire quelque chose, tu peux nettoyer pour le même salaire. »

Cette raison, associée à la trop lourde responsabilité engendrée par la garde d'enfants et au bas salaire, explique que mes interlocutrices préfèrent s'en éloigner dès qu'elles trouvent d'autres opportunités de travail.

Une distinction claire est faite par les employées entre le nettoyage, la garde d'enfant et « tenir » une maison où toutes les initiatives doivent être prises, telles que jeter ou donner des objets/vêtements usagés, acheter de nouveaux ustensiles de cuisine ou des objets de décoration ou encore organiser soi-même les espaces de rangement pour les habits ou la vaisselle, par exemple. Ces activités impliquent davantage de responsabilité qu'effectuer une série de tâches. Les pratiques de délégation peuvent s'étendre comme si, au niveau des décisions domestiques, la maison « appartenait » à l'employée. Cette forme de prise en charge se révèle au travers d'expressions, telles que « presque » ou « pratiquement » associées à « comme si c'était ma maison ».

Les entretiens révèlent que si la délégation des tâches relatives au nettoyage est considérée « normale », celle concernant la prise en charge des enfants apparaît comme « plus surprenante » :

> « Ce qui est de nettoyer, ça, c'est selon, je sais pas, elle ne peut pas le faire, mais peut-être en ce qui concerne les enfants, elle pourrait le faire davantage. »

La délégation est produite, selon les employées, par le manque de temps des employeuses. Celui-ci semble concerner, parmi les couples, exclusivement les femmes. Parfois, quand celles-ci proviennent d'une classe socio-économique supérieure, de leur incapacité à accomplir certaines tâches :

> « Je crois qu'elle n'a pas le temps, parce que dans tous mes travaux, elles travaillent et elles n'ont pas le temps de maintenir la maison propre ou de repasser ou... »

Pour plusieurs femmes interviewées, la délégation des activités, quels que soient la manière et le ton employé, met en exergue la différence de statut entre employée et employeuse et la position que chacune occupe dans la relation :

> « Elle ne me regarde pas d'en haut, je considère que non, seulement que la différence (entre employée et employeuse) se remarque au moment de donner des instructions, mais en ce qui concerne les choses en dehors de ça, non, ça ne se sent pas. »

Les interviewées soulignent qu'effectuer un travail domestique pour quelqu'un·e entraîne une lourde responsabilité. Les cas de perte ou de disparition – d'objets, de documents ou encore d'argent – sont mentionnés en premier, avec tout ce que cela implique dans le rapport de travail (perte du capital de confiance, soupçon de la part des personnes employeuses) :

> « Il y a également ces petites choses, comme quand elles ne retrouvent pas quelque chose et elles te disent, avec ce ton, et que ça devient une montagne... »

Etre en contact avec des documents personnels et/ou administratifs ou avec des vêtements intimes engendre le sentiment d'être une usurpatrice, en occupant une sphère intime, même si apparemment cela ne gêne pas les personnes employeuses :

> « Parfois, on se sent comme une intruse, parce que je touche, je sais pas moi, son linge intime, ou des cartes ou des comptes, parce qu'il y a pas mal de papiers, même s'ils essayent d'être ordonnés, on voit toujours quelque chose. (...) ils ne me disent pas, ne le touchez pas, ne le regardez pas, non, chaque chose doit être à sa place, je pense qu'ici (en Suisse) tout le monde est habitué à ça, qu'il n'y a rien de très intime, de très réservé, il n'y a pas, sauf peut-être les pensées (rires). »

Représentation et répartition du travail domestique

Les travailleuses domestiques partent de l'idée que l'égalité est acquise dans le pays de réception. En Suisse, femmes et hommes posséderaient les mêmes droits réels, le même accès au marché du travail et, de ce fait, femmes et hommes auraient le choix de s'occuper des enfants comme du travail domestique de manière indistincte. Toutefois, dans ce qu'elles observent de manière précise chez les couples auprès desquels elles travaillent, les tâches demeurent majoritairement effectuées par les femmes. De plus, il est possible que la participation masculine soit surévaluée par les employées, comme elle l'est généralement par la partenaire femme (Roux et *al.*, 1999 ; Vandelac, 1985). Tout se passe comme si les travailleuses domestiques tendent à minimiser le fait que les tâches qu'elles n'effectuent pas demeurent du domaine de la femme. La sous-estimation de la différence entre prise en charge masculine et féminine n'est pas un fait nouveau. Les mêmes mécanismes sont à l'œuvre quand le travail domestique n'est pas payé au sein des rapports familiaux et que les deux partenaires d'un couple l'effectuent (Roux et *al.*, 1999).

Les propos de mes interlocutrices révèlent, et ceci n'est pas une surprise, que parmi les couples, les femmes mènent dans la quasi-totalité des situations le premier entretien. Elles parlent du travail, explicitent les tâches plus spécifiques et négocient les conditions de travail :

> « C'est toujours les femmes qui me l'expliquent. C'est arrivé extrêmement rarement que ce soit un homme, comme les hommes je ne les vois pas, je ne traite pas non plus avec eux. »

Il existe quelques exceptions, par exemple si la femme ne sait pas repasser et que son partenaire a des exigences particulières en la matière et les maîtrise, dans ce cas il montre lui-même à l'employée la manière dont elle doit s'y prendre.

Lors de la prise en charge d'enfants, il arrive, rarement, que les deux parents mènent l'entrevue avec la nouvelle employée, parlent des tâches à accomplir, des préférences et du caractère de l'enfant.

Bien qu'il existe des variations dans la manière dont le travail domestique se répartit entre les deux partenaires, dans la majeure partie des situations, celui-ci est pris en charge par l'épouse :

> « C'est équitable. Bon, dans l'un, c'est complètement elle, parce que lui ne s'occupe pas du tout de ça (le travail domestique), s'il faut faire quelque chose, qu'elle le fasse. »

Quand les personnes employeuses s'absentent quelques jours, notamment pour des raisons professionnelles, les femmes essayent de faire une partie du travail que l'employée devra effectuer durant ce temps, alors que les hommes ne semblent pas partager ce souci et argumentent l'état de la maison par un manque de temps :

> « Quand elle peut et quand elle est là les fins de semaine, elle essaye de faire les machines, elle essaye de faire le maximum de ce qu'elle peut, pour que les choses soient en ordre, mais quand elle n'est pas là et que je reviens le lundi, la maison, c'est un désordre total, il me dit, je n'ai pas eu le temps de faire ceci ou cela. »

De plus, quand les deux partenaires sont présents, il apparaît de manière générale que la femme participe aux travaux domestiques et vient donner un coup de main à l'employée, contrairement à son partenaire :

> « J'ai le sentiment de venir remplacer ce que l'épouse devrait faire avec son mari. Parce que lui parfois, il a le temps, il est là à regarder la télé ou arrosant les plantes, bon... c'est nécessaire, mais (il ne fait) rien de plus et j'ai vu, quand, bon je ne sais pas si c'est le sujet, mais quand ils sont là les deux, je m'occupe d'autres choses et elle s'occupe de faire la cuisine et lui, il ne fait jamais rien quand elle est

là. Quand je suis là, il met la table, mais quand elle est là, il ne fait rien, absolument rien. Je suis l'homme et je vis heureux. »

Les comparaisons avec le pays d'origine peuvent occulter la répartition des tâches, les contributions masculines observées étant survalorisées :

« ...ici, c'est un peu étrange, parce que ici, il y a pas de différence entre hommes et femmes, je vois que quand mon chef arrive, et dans d'autres lieux aussi, ils font toujours les deux ensemble, je ne pourrais pas dire qu'ici, c'est seulement la femme qui est à la cuisine ou à la maison, il y a des choses que l'homme fait aussi, c'est l'homme aussi qui cuisine, qui fait des choses avec les enfants et ça me paraît étrange, parce que dans mon pays, c'est seulement la femme. »

Pour quelles raisons est-ce si difficile, dans le discours général des employées de maison, de reconnaître une répartition asymétrique du travail domestique restant entre femme et homme ? Qu'est-ce qui est en jeu ? Croire prendre en charge les tâches que les deux partenaires exécutent ensemble, ou exécuteraient s'ils en avaient le temps, valorise-t-il davantage le travail accompli ? La représentation d'une égalité acquise dans le pays de réception est-elle particulièrement difficile à remettre en cause ?

Les appréciations faites sur le travail domestique

Les commentaires sur le travail effectué, tels que mentionner qu'il a été bien fait, remercier l'employée de maison, soit de manière anticipée, soit à la fin du travail, permettent de sortir le travail domestique salarié de l'invisibilité.

Ils sont formulés par les deux partenaires, cela dépend généralement de qui rentre en premier à la maison :

« Dans un lieu, l'époux de la dame arrivait, j'avais déjà terminé, elle allait venir et il a dit, hum, tout est propre, ça sent bon. Alors je me sens bien. Au moins, on sait que les choses ont été bien faites. C'est satisfaisant pour moi. »

Les remerciements se transmettent également à fin du mois, au moment où l'employée de maison va être payée, soit par téléphone, soit par écrit ou encore de vive voix. De même, après des vacances ou un séjour à l'étranger, quand les personnes employeuses reviennent à la maison, elles remercient et félicitent leur employée de maison pour l'état de leur lieu de vie. Exprimer sa satisfaction peut être une habitude ou quelque chose de ponctuel, par exemple suite à une initiative nouvelle. Pour d'autres employées de maison, les remarques sont parfois également négatives :

« Si je fais quelque chose qui ne leur plaît pas, ils me le disent, et si c'est quelque chose de bien, ils me le disent également.»

Les remarques, fréquentes durant les premières semaines de travail, se font de plus en plus rares. Le travail effectué devient normal, répétitif.

Il nécessite, de ce fait, une moindre attention de la part des personnes employeuses:

« La première fois que j'ai fait ça (nettoyer le frigo), elle m'a laissé en grandes lettres, N., merci beaucoup pour m'avoir nettoyé le frigo, bon, maintenant, elle ne me remercie plus, mais bon... »

Les employées de maison demandent à leurs employeuses si la manière dont elles procèdent leur convient, particulièrement s'il n'y a ni remarques, ni observations. Les appréciations se construisent également par comparaison avec une autre employée, par exemple lors d'un remplacement, l'employeuse remarque une différence et la mentionne. Par ailleurs, certaines travailleuses domestiques vivent l'absence de remarque et d'observation de manière positive, puisque leur travail n'est pas source de critiques, celui-ci doit être satisfaisant.

La connaissance de l'absence de statut

L'absence de statut modifie-t-il la relation entre travailleuses domestiques et personnes employeuses ? Celles-ci connaissent-elles le statut des femmes qu'elles emploient ? Les entretiens révèlent que cette information est généralement demandée de manière explicite dès les premières interactions :

> « C'est la première chose qu'ils me demandent, la première fois, lors de l'entrevue de travail, parfois de manière ironique je pense, parce qu'ils demandent, d'où venez-vous et je dis, d'Amérique du Sud, alors je leur dis d'où je viens et ils me demandent, est-ce que vous avez un permis de travail ? Et parfois ça m'est arrivé de dire, est-ce que vous pensez que si j'avais un permis de travail, je serais en train de faire cette entrevue ? Je m'imagine que non, mais c'est par routine, on demande par habitude, pour savoir si on a un permis de travail, mais dans tous les lieux où je suis allée, c'est la première chose que l'on m'a demandée. »

Les travailleuses domestiques perçoivent la question comme ironique; leur situation est évidente, elle ne mérite pas d'être mentionnée. En effet, comment être d'origine latino-américaine, travailler dans le secteur de l'économie domestique et être au bénéfice d'une autorisation de séjour ?

> « Oui, à la première entrevue, ils demandent toujours, la première question c'est toujours, est-ce que vous avez un permis ? Et je dis, non, et très peu de fois ils me disent non, qu'ils voulaient quelqu'un avec un permis, la majorité disent toujours oui dès la première entrevue, la première chose qu'ils me disent, si tu as un problème avec la police, tu dis que tu ne travailles pas ici, que tu ne connais personne. »

Une fois explicitée l'absence de statut légal, les personnes employeuses donnent des consignes, notamment en cas de contrôle de police, afin d'éviter que l'employée de maison ne les cite, ni ne mentionne les lieux où elle travaille :

> « Oui, ils savent, parce que quand vous mettez l'annonce et vous y allez, eux ils disent, vous avez un permis, ils demandent ça parce qu'avec un permis, ils doivent nous payer plus, alors on dit non, ah bon, alors c'est bien, ils savent, parce que ceux qui ont des papiers, ils demandent plus, si on demande 20, parce que ceux qui ont des papiers, ils demandent 25 francs l'heure. »

Dans d'autres situations de prise de contact, cette information est considérée par les travailleuses domestiques comme implicite ; elle découle des autres informations données par la future employée, notamment concernant la durée du séjour en Suisse :

> « Parce qu'ils m'ont demandé et je leur ai répondu que j'étais là depuis deux mois et bien sûr, en travaillant depuis si peu de temps comme deux mois ici, personne n'arrive avec des papiers, parce que non, je ne pense pas qu'ils soient... ils ne m'ont pas demandé de manière directe, mais on suppose, parce que la personne qui les met en relation avec moi, elle s'occupe des personnes comme moi aussi, sans documents. »

Cette donnée[44] n'est pas maintenue sous le sceau du secret, malgré le danger qu'elle recèle potentiellement pour les employées de maison. Les entretiens révèlent que les personnes employeuses utilisent rarement cette information en cas de désaccord ou de conflit de travail. Les travailleuses domestiques savent que les conséquences, en cas de contrôle ou de dénonciation, sont asymétriques entre employées de maison et personnes employeuses. En effet, les premières devraient[45] quitter le territoire, après avoir reçu un délai départ, alors que les secondes s'acquittent, parfois, d'une amende.

---

[44] Avec l'introduction de la Loi sur le travail au noir (LTN) et de la Loi sur les Etrangers (LEtr), au 1er janvier 2008, les personnes employeuses s'enquièrent de manière explicite de la « situation administrative » de l'employée de maison, que ce soit dans les offres d'emploi (annonces publiées), auprès des intermédiaires si elles existent, ou lors du premier entretien. Cette nouvelle donne a gravement péjoré les conditions de travail des personnes sans statut légal.

[45] Suite à un délai de départ, certaines décident de rester et se retrouvent alors dans un degré plus élevé d'isolement et de précarité. Si elles étaient déclarées (cotisaient aux assurances sociales), elles

Sa propre invisibilité

La « propre invisibilité » indique la manière dont les travailleuses domestiques parlent du travail ménager effectué pour elles, en opposition au travail domestique accompli contre rémunération pour quelqu'un·e d'autre[46]. De par l'absence d'externalisation – qui a comme conséquence de spécifier un certain nombre de tâches – il est difficile de nommer ce qui institue le travail ménager pour soi en opposition au travail domestique salarié pour les autres. Dans un premier temps, tout semble indiquer que le travail ménager s'inscrit dans une continuité, les tâches étant faites de la même manière que sur le lieu de travail, le niveau d'exigence étant *grosso modo* le même :

> « C'est le même niveau (d'exigence), quand je nettoie mes choses, j'aime le faire à fond, et dans mon travail j'aime aussi le faire à fond » ou encore « c'est la même chose. Je pense que c'est la même chose, je ne fais aucune différence. J'aime laisser les choses de la meilleure manière que c'est possible de (les) laisser. »

Parfois, leur propre travail ménager s'inscrit en rupture de leur activité professionnelle. Elles profitent alors de l'absence de regard et du temps à disposition, pour y encastrer quelques activités récréatives (téléphone, par exemple) :

> « Je peux prendre le temps que je veux, je fais des pauses le temps que je veux et je suis en pyjama et je mange quelque chose et je parle par téléphone et je ris un moment ».

---

perdent leur travail. Elles doivent changer de domicile, du moins de manière temporaire, au cas où la police des Etrangers viendrait vérifier leur départ. En cas de contrôles ultérieurs, les procédures de renvoi s'accélèrent.

[46]   Je rappelle que dans ce travail les femmes interviewées ne vivent pas avec un conjoint.

L'assiduité est moindre et le travail ménager va de pair avec une certaine improvisation. Le temps consacré dépend des autres activités; il est compressible :

> « La maison, personne ne dit si c'est bien ou pas, on le fait bien, mais un peu rapidement, comme personne ne se rend compte si c'est mal fait, ou quoi, alors on le fait vite ».
>
> « Je prends peut-être plus de temps, quand je travaille, je prends un temps limité, dans une heure je dois partir ou alors je dois faire quelque chose (...) chez moi, c'est le matin ou l'après-midi, comme on veut, avec plus de liberté, avec plus de temps. »

Le travail ménager, de par l'absence de regards extérieurs, de remarques ou d'observations, ne s'inscrit plus dans une relation de travail :

> « Parce que chez moi, je sais que personne ne va me dire que c'est mal fait, parce que celle qui commande chez moi, c'est moi, par contre je sais que là (où je travaille) il peut y avoir une personne qui peut me faire des remarques, comme elle peut ne pas m'en faire, alors j'essaye de faire le mieux ».

Par ailleurs, l'espace bien souvent restreint engendre une manière différente d'organiser les tâches ménagères:

> « Je vis avec 5 personnes dans un studio, mais pour le nettoyage, je préfère le faire dans une maison où je ne vis pas, il y a plus d'espace, c'est plus commode (...) c'est vrai que je n'ai pas très envie de nettoyer là où je vis. »

Synthèse

Les entretiens révèlent que l'invisibilité du travail domestique se retrouve, lorsque celui-ci devient salarié. Malgré l'implicite relatif à ce qui institue le travail domestique, les employées de maison essayent de connaître les exigences des personnes employeuses. Ces informations s'acquièrent par l'observation ou par des questions[47] sur les préférences de ces dernières. Dans la manière de déléguer le travail, il ressort que les tâches définies et/ou mentionnées par celles-ci sortent généralement de l'ordinaire. Au quotidien, le travail à effectuer demeure généralement tacite. Concernant les représentations que les employées se forgent du partage du travail domestique auprès des couples chez lesquels elles travaillent, l'asymétrie de la répartition demeure largement sous-estimée. Les commentaires, les remerciements ou encore les remarques, permettent à une partie des travailleuses domestiques d'avoir un retour sur le travail effectué. Tout se passe comme si la parole des personnes employeuses participe à une visibilisation, partielle, du travail domestique effectué par les employées de maison. Quant au travail ménager accompli pour soi, l'absence d'appréciation et d'exigences à atteindre, comme le temps à disposition, différencie celui-ci du travail domestique salarié.

b) Relation aux personnes employeuses

Dans cette partie, je vais m'arrêter sur les différentes dimensions constitutives de la relation entre travailleuses domestiques et personnes employeuses. Les indicateurs sont les suivants : les manières dont s'effectuent les négociations, les modalités d'affirmation, la pose de limites et les marques de hiérarchie. Ils recouvrent la manière dont les employées de maison parlent des relations qu'elles entretiennent avec les personnes employeuses : les premiers contacts, les échanges de parole, le degré de distance et/ou de proximité établi, les processus de négociation entre employées de maison et personnes employeuses, ainsi que la hiérarchie présente, notamment dans la manière dont les unes et les autres se nomment.

---

[47] Dans la première phase de la migration, alors que la langue est encore peu maîtrisée, il est difficile de les poser.

Les entretiens révèlent la diversité des relations entre travailleuses domestiques et personnes employeuses:

> « En fait, ça varie beaucoup entre les unes et les autres, j'ai des relations de grande amitié, j'avais un travail qui était plus ou moins fixe, j'allais dans la maison d'une famille, trois fois par semaine, mais à cause d'autres travaux qui me causaient des conflits pour l'horaire, j'ai laissé ce travail, dans ce travail que j'ai laissé, les relations étaient très familiales, je partageais avec les enfants, je partageais avec la famille, avec l'époux, avec la dame de la maison, comme si on était en famille. Il y a d'autres relations de travail, par exemple avec un de mes chefs chez qui je travaille, qui est le fiancé de ma cheffe, je l'ai vu seulement une fois, le premier jour où je suis allée travailler chez lui, ensuite je ne l'ai plus jamais vu, parce qu'il travaille toute la journée, alors il me laisse une enveloppe et rien de plus, je le connais seulement par photo. Chez une autre dame, c'est très rare que je la voie, j'ai les clés de la maison, nous ne communiquons pas, avec le couple de personnes âgées chez qui je travaille, nous avons une relation très amicale, très humaine, nous parlons toujours, pendant que je fais le travail, j'ai une pause de 10 ou 15 minutes, nous nous asseyons toujours pour prendre un café avec la dame, nous parlons de ce qui s'est passé dans la semaine, c'est une relation où on s'intéresse à vous comme une personne, non pas seulement comme quelqu'une qui travaille dans votre maison, mais comme une personne, on vous demande, qu'est-ce qui se passe chez vous, comment va votre famille, des choses comme ça. »

Se sentir « en bons termes » avec la personne employeuse est fondamental sur le lieu même de travail, comme dans une perspective de futures places. En effet, être recommandée permet d'obtenir des conditions de travail nettement meilleures dans un nouveau travail et de posséder, dès le départ, un capital plus élevé de confiance. Les temps d'essai sont alors généralement supprimés et les employées de maison reçoivent plus rapidement la clé de leur lieu de travail, parfois le jour même. De plus, comme le souligne Ybargüen (1999), soigner les relations aux personnes employeuses engendre l'impression de travailler chez des personnes dont on se sent proche[48] (cf. Chapitre VI, 3. Circularité et échanges dans le réseau).

De quelles manières les travailleuses domestiques définissent-elles une « bonne » personne employeuse ?

> « Un bon employeur, c'est quelqu'un qui s'intéresse à nous, pas seulement comme une machine de travail, mais comme une personne, quelqu'un qui réponde réciproquement à l'honnêteté que vous avez envers eux, à la manière dont vous travaillez et à la manière dont vous les traitez. »

Le respect, par les personnes employeuses, des termes du contrat initial demeure essentiel. La politesse et l'attention envers les travailleuses domestiques, en leur demandant par exemple comment elles vont et en se préoccupant des membres de la famille resté·e·s au pays, sont considérées comme des éléments positifs :

> « Je sens qu'elles sont attentives, si tu as besoin de quelque chose, d'une recommandation, (elles me disent) nous te le faisons, nous te l'écrivons. »

Mes interlocutrices soulignent l'importance de pouvoir compter sur la personne employeuse, par exemple si celle-ci se soucie des services qu'elle pourrait rendre, tels qu'un appui dans certaines démarches. Plusieurs attitudes favorisent un sentiment de respect, comme le ton utilisé, la possibilité de prendre des temps de pause, se voir proposer un thé, un café ou une petite chose à manger. Parfois, lors d'achats, il arrive que les employeuses ramènent quelques provisions pour les employées de maison. Certaines empruntent également des livres, peuvent prendre des journaux en fin de journée ou amener chez elles de vieux magazines. Ces petits gestes sont appréciés.

---

[48] En cas de conflit ou de désaccord, cette proximité s'avère problématique.

Cette relation, même si elle est positive, implique toutefois que bien des aspects ne sont pas abordés, notamment si les employées de maison gagnent suffisamment pour vivre. Leurs charges dans le pays de réception, comme dans le pays d'origine, ne semblent guère préoccuper les personnes employeuses. Bien que, parfois, pour garder leurs employées de maison, elles s'enquièrent de leur situation économique et de leurs besoins et adaptent le salaire versé. Il arrive également qu'elles prêtent une somme d'argent pour une caution pour un appartement ou pour participer au traitement d'un·e membre de la famille malade resté·e au pays.

Dans certains cas, les employeuses se préoccupent de la santé de leurs employées de maison et prennent en charge des examens médicaux, voire les accompagnent pour ceux-ci. Cette sollicitude n'est pas sans revers, puisque les employées de maison, par la suite, se sentent en dette envers les personnes employeuses et ont davantage de peine à marquer des limites, voire à quitter un lieu de travail, après avoir été « aidées ». Parfois, des relations amicales se tissent, l'employée peut être invitée, en dehors de ses heures de travail, par exemple à venir manger. Elle est alors considérée dans ce cas comme une hôte et elle ne participe pas au travail domestique.

Les entretiens révèlent l'asymétrie des échanges de parole entre employées de maison et personnes employeuses. Celles-ci parlent de leur vie et de leur intimité, ce qui amuse dans certains cas les employées de maison, voire les intéresse, ou alors elles le ressentent comme une imposition à laquelle il est difficile de se soustraire. Les employées de maison, quant à elles, parlent souvent de généralités, telles que les us et les coutumes de leur pays :

> « Si elle me demande, je lui parle, mon pays est comme ça, sinon, non, je ne lui dis rien, elle me parle de ses problèmes, que sa fille est

désorganisée, que sa fille ne lui obéit pas, que son mari est comme ceci ou comme cela. »

Les personnes employeuses prennent généralement l'initiative lors d'échanges de parole. En effet, les employées préfèrent garder une certaine distance, notamment en cas de mauvaises expériences antérieures, par exemples quand certaines choses dites, dans le cadre d'un désaccord ou d'un conflit, sont ensuite utilisées contre elles. En s'occupant du travail à effectuer et en mettant de côté des sentiments qui pourraient s'apparenter à de l'amitié, les travailleuses domestiques évitent ce type de difficultés. L'employée de maison parle de son quotidien seulement si l'employeuse pose des questions, indice qui marque son intérêt et les encourage à continuer:

> « Je pense que seulement si elle me demande, je peux lui répondre ou peut-être un commentaire et encore, pas trop long, je pense pas que ça l'intéresse, maintenant quand ça l'intéresse, c'est quand elle pose des questions. »

Trop de distance de la part de l'employeuse est également considéré comme un manque de respect envers l'employée et comme une marque trop visible des positions que les unes et les autres occupent dans la relation :

> « Je n'ai jamais rien eu, aucune altercation, mais je me sens comme un robot là. Je fais mon travail, il n'y a jamais une question, une interrogation et mon argent est là (sur la table). »

Cette distinction entre employée et employeuse se joue également dans les représentations élaborées par les employeuses concernant le niveau de formation de leurs employées:

> « Elles pensent que tu n'as pas (fait) d'études, ni éducation, ni préparation, que tu n'as jamais été à l'école, elles pensent le pire de toi. »

Quand il s'agit de prise en charge des enfants, la relation se double d'un paradoxe. Les femmes interviewées disent se sentir comme quelqu'une de la famille, tout en revendiquant le fait de ne pas être assimilées à la famille. Tout se passe comme si la relation de proximité, considérée comme positive et nécessaire, empêche en cas d'excès la reconnaissance de leur activité comme étant un travail. Dans ce contexte, exprimer un désaccord relatif à leurs conditions de travail devient plus difficile. Les travailleuses domestiques considèrent qu'être « aimée » est très positif, c'est-à-dire maintenir des liens, se voir de temps à autre, échanger des cadeaux par exemple lors des anniversaires, recevoir des photos d'enfants qui grandissent, savoir que son portrait se trouve dans l'album familial. Il peut exister un glissement entre l'importance d'entretenir de bonnes relations de travail et le fait d'« aimer » et d'« être aimée », dont la marque la plus forte est celle d'être considérée comme une membre de la famille, même après la fin des rapports de travail.

Quand les liens deviennent « de type presque familial », les tâches effectuées le sont en fonction du bien-être des personnes employeuses et prennent le statut de service rendu :

> « Je ne cuisine pas, mais parfois par affection, parce que ça me fait de la peine, le fait que les deux travaillent et qu'ils rentrent tard du travail, fatigués, alors pour leur faire plaisir, je leur cuisine une petite chose, ils me disent, non, non, vous n'avez pas à le faire, mais ça me plaît, je le fais avec affection. »

Aimer son travail, se sentir « presque » comme une membre de la famille, engendre un sentiment de joie et de plaisir. Le sentiment de contentement réciproque entre employées de maison et personnes employeuses devient une dimension précieuse :

> « Parce que je veux qu'ils soient contents avec moi, parce que moi je suis contente avec eux. »

Tout se passe comme si ce sentiment participait à l'occultation des rapports de domination et de pouvoir qui existent dans la relation aux personnes employeuses.

Nous touchons là à un des paradoxes du travail domestique salarié (Dussuet, 2005). En effet, comme cette chercheuse l'analyse, celui-ci semble, *a priori,* s'inscrire dans une rupture du « travail d'amour ». Alors que dans les faits, bien que le travail domestique salarié appartienne à l'échange marchand, il est appréhendé en continuité du « travail d'amour ». Le travail domestique salarié peut-il se dissocier de la logique du don, interroge Dussuet (2005) ? C'est-à-dire que « l'obligation de donner, et au-delà surtout, celle de recevoir, sont la condition de pérennité du lien »[49] contrairement à la logique marchande, qui elle « suppose que l'équivalence des prestations permet de solder la relation en "libérant" chacun des co-échangistes, les rendant à leur individualité. »[50]

Pour les femmes interviewées, la relation aux personnes employeuses est un élément fondamental de la construction de leur cadre de travail. Il se fait sentir dès les premières interactions. La travailleuse domestique décide du degré de distance ou de proximité développé avec la personne qui l'emploie. C'est elle qui « choisit » en effet – du moins dans une certaine mesure – quel type de relation elle souhaite cultiver. Tout se passe comme si les stratégies de valorisation du travail et les significations données à la relation transforment l'emploi en autre chose qu'un rapport de domination. Ainsi il apparaît comme choisi et construit et non pas subi et imposé. Le même phénomène est à l'œuvre concernant la répartition du travail domestique au sein des couples, où les femmes disent avoir opté pour une « inégale » répartition, afin d'avoir le

---

[49] Annie Dussuet (2005 : 88).
[50] Idem.

sentiment qu'elles ont décidé de leur attribution première au travail domestique et que celle-ci ne leur a pas été imposée (Roux et *al.*, 1999).

La connaissance de leur absence de statut ne structure-t-elle pas les relations entre travailleuses domestiques et personnes employeuses, bien que cette information ne soit que rarement utilisée dans le cadre d'un conflit de travail ? Au-delà de ce qui est explicite ou avouable, dans quelle mesure cet élément influence-t-il les processus de négociation comme la construction de la relation ?

Processus de négociation

Les processus de négociation se définissent par un échange de points de vue à même de modifier un cadre de travail. Ils apparaissent soit de manière antérieure, soit simultanément, aux modalités d'affirmation et à la pose de limites. Connaître son rythme de travail et le temps pris par telle ou telle activité sont des facteurs déterminants pour négocier au mieux les tâches demandées, ainsi que le temps imparti à leur exécution:

> « Alors tu arrives, tu regardes la maison, tu regardes les produits (rires), tu regardes à nouveau la maison et tu parles en premier, Madame, la maison est grande, j'ai besoin d'au moins trois heures, tu lui mets le minimum le plus haut, tu ne dis pas une heure, parce que beaucoup de gens essayent de faire ça et ils se tuent à travailler, alors ça ne va pas, ça ne va pas, ça ne va pas avec le temps, travailler comme ça, ça ne te mène nulle part, alors ça se passe comme ça et la dame te dit, je veux que tu fasses ceci, je veux que tu fasses cela, tu as le droit de déplacer ça et cette autre... et tu peux le faire en combien de temps. Alors plus ou moins, ça va dans le temps, non, et ensuite on te donne le prix, on te parle, je peux te payer tant, combien tu demandes toi, disons. Je dis toujours entre 20 et 25 francs l'heure, alors les gens te disent je peux te payer 22, d'autres, je peux te payer 20, parfait, moins, je ne peux pas. Alors, on te dit, par exemple, une maison de deux étages, on te dit en trois heures, non impossible, alors, Madame, regardez, il y a ceci et cela à faire, je

veux un bon nettoyage, ça doit être un peu plus, alors on essaye de faire voir qu'en réalité... »

Si les travailleuses domestiques nécessitent davantage de temps pour effectuer le travail demandé, le temps mis à leur disposition devient sujet à négociation. Dès les premiers contacts avec les employeuses, les employées initient les modalités de négociation.

> « – Ils disent qu'ils payent 20, l'heure c'est toujours à 20, mais parfois ils disent, je paye 15 l'heure, alors non, parce que c'est toujours à 20, je dis, alors ils disent, ah bon alors je la laisse à 20 l'heure.
> – Maintenant personne ne vous paye à 15 ?
> – Non, tout le monde sait maintenant que c'est à 20, tout le monde sait, tout le monde sait que c'est à 20, si on veut payer moins, on dit qu'on ne peut pas nous payer et nous on dit, non, mais si ça nous convient, alors on fait le travail. »

Les entretiens révèlent qu'elles demandent, si elles ne connaissent pas encore les personnes employeuses, le payement des heures de travail à chaque fois. Il est en effet fréquent, dans un nouveau lieu de travail, que les employées soient confrontées à des situations de non-rétribution:

> « J'ai travaillé durant un mois et demi dans une maison, les soirs et elle ne m'a pas payée, elle ne m'a pas payée et elle m'a demandé que je passe les samedis, pour l'aider à repasser, j'ai passé toute la matinée à l'attendre et, en fin de compte, elle n'est jamais venue, finalement, j'ai appelé, et rien, j'ai été plusieurs nuits à frapper chez elle, et en fin de compte, quelqu'un est venu m'ouvrir et m'a dit qu'elle avait déménagé. »

Par la suite, elles décident d'un commun accord avec leurs employeuses du moment où elles vont être payées. Cela peut être à la fin du mois, ce qui évite, selon mes interlocutrices, de dépenser son argent, ou en cours de mois afin d'avoir suffisamment de liquidité. Il arrive également que les termes du contrat soient respectés durant un certain laps de temps, puis se grippent, la personne employeuse ne les respectant plus. En cas de non-payement, lorsque les employées de maison décident de récupérer leur argent, il s'avère utile de connaître des personnes possédant un titre de séjour et une certaine influence, pour être accompagnée ou simplement pour que celles-ci profèrent des menaces, par téléphone par exemple:

> « J'avais déjà l'expérience d'une amie qui avait déjà travaillé dans cette famille, que ce n'était pas facile de laisser le travail, parce qu'elle avait dû rester sinon ils ne la payaient pas, alors j'attendais qu'ils me payent, directement le lundi suivant, je suis venue avec une amie et j'ai dit que je ne voulais plus travailler. »

Différentes stratégies existent en cas de retard de payement, par exemple s'adresser à d'autres membres de la famille, comme par exemple le mari de l'employeuse, afin de lui exposer ses griefs, ou encore de verbaliser ce retard tout en s'efforçant de rester polie:

> « Au début, j'avais plus honte moi, que de le leur dire. Mais j'avais besoin de payer mon appartement, j'ai besoin de payer des choses, alors... Alors d'une manière très aimable, alors que... que ça me brûle de l'intérieur, je leur dis, s'il vous plaît, est-ce que vous pouvez me payer ? »

Pour négocier leurs conditions de travail, il est nécessaire que les travailleuses domestiques connaissent celles en vigueur dans ce secteur d'activité (Ybargüen, 1999). Leur mode de faire découle de la manière dont se délègue le travail domestique. Dans le sens où les tâches externalisées – comme la délimitation de leur contenu et du temps qu'elles prennent – sont examinées et discutées. En effet, le contenu, de même que le temps à disposition, ne se détermine pas une fois pour toute, il dépend de l'employée comme de l'employeuse. Tout se passe comme si le cadre de travail ne pouvait qu'être constamment précisé et négocié.

Modalités d'affirmation et pose de limites

Les modes d'affirmation se réfèrent à la façon dont les employées de maison définissent, face aux personnes employeuses, les conditions dans lesquelles elles souhaitent exercer leur travail et leurs limites. Parfois, ils commencent dès la prise de contact, avant de posséder un certain nombre d'éléments permettant d'inférer de l'issue de l'interaction (horaires, réduction du nombre de tâches à faire dans un espace-temps).

Les entretiens révèlent deux catégories de modes d'affirmation. L'une se joue dans les premières interactions : acceptation, ou non, de l'opportunité de travail, négociation du salaire et du temps nécessaire pour effectuer certaines tâches :

> « Ah, et le premier jour elle m'a dit, je peux te payer la semaine prochaine et j'ai dit, non, travail terminé, travail payé. »

L'autre catégorie est à mettre en lien avec l'aménagement du travail, afin de le rendre acceptable, comme dans cet extrait, où la travailleuse domestique souhaite connaître les dates de vacances de son employeuse afin de pouvoir s'organiser :

> « Elle (ma patronne) me dit toujours que je ne suis pas très subtile pour parler, mais c'est que je suis directe, je n'y vais pas par quatre chemins, comme elle, alors je lui ai dit, que si elle partait en vacances, qu'elle m'en informe, s'il vous plaît. »

Les modes d'affirmation et la pose de limites sont deux catégories indissociables. En effet, c'est souvent face à des tâches domestiques déléguées de manière intempestive ou des conditions de travail jugées incorrectes que les travailleuses domestiques explicitent certaines limites et refusent des demandes. Avec le temps et l'acquisition d'un savoir-faire, il apparaît une réduction des pratiques de délégation acceptées et une augmentation des exigences envers les conditions de travail.

Parfois, les limites posées par les employées de maison découlent de leur répulsion envers certaines tâches. En ce qui concerne la répulsion[51], cette dimension a plusieurs fonctions. D'une part, elle permet d'accéder au degré de saleté auquel les employées de maison peuvent être confrontées. D'autre part, elle engendre des mécanismes de résistance, au travers de pose de limites, dites ou pensées, sur ce qui est acceptable ou non. Certains travaux analysent la relation entre travail domestique et substances taboues, notamment les sécrétions corporelles, qui peuvent résulter de la sexualité (Denèfle, 1995). Selon cette chercheuse, cette connexion a comme conséquence la grande dévalorisation de ce travail. De plus, ajoute-t-elle, cette relation permet de comprendre pourquoi ce travail demeure presque uniquement entre les mains de femmes.

Dans cet extrait, l'employée refuse d'effectuer une tâche, jugeant le degré d'intimité trop élevé. En explicitant les raisons de son refus, elle parvient à se faire entendre et son employeuse lui donne raison :

> « Alors, elle me disait, G., tu dois le faire, et je lui ai dit, excusez-moi, mais ma mère m'a appris que les slips, ce sont des choses intimes et que c'est seulement moi qui peut laver les miens, chez moi, ma mère ne m'a jamais lavé mes slips et je ne peux pas laver vos slips, ni ceux de votre fille, parce que ce sont des choses que vous pouvez faire de votre côté et comme elle était très propre, elle m'a dit, oui, G., vous avez parfaitement raison, que ma fille lave

---

[51] Pour Denèfle (1995), ce qui distingue les sociétés, les époques, les classes et surtout les sexes, c'est ce qui désigne ce qui est sale, les normes du propre et du sale, du convenable et de l'acceptable, du tolérable comme des dégoûts et de ce qui est inconvenant. Selon cette auteure, la propreté familiale garantit les bons choix moraux et les femmes qui prennent en charge le linge le font dans la promiscuité avec la souillure, de ce fait, la saleté retombe, socialement comme symboliquement, sur elles.

elle-même ses slips et elle ne m'a plus jamais demandé d'en laver, mais parce que je lui avais parlé. »

La pose de limites va également de pair avec l'élimination de certaines possibilités de travail qui ne conviennent pas, telles que travailler en interne[52], ou qui peuvent générer des abus, par exemple travailler pour un homme seul :

« Mais après ce que j'ai dit, que j'étais là pour travailler, que je n'allais pas pour ça, je ne suis pas retournée travailler, alors j'ai décidé que je n'allais plus jamais travailler avec des hommes seuls. »

Les limites découlent également de certaines rétributions trop basses. L'employée explique, dans cette situation, les raisons de son refus :

« Alors, moi rapidement je leur dis, non, non, ce n'est pas beaucoup, parce que moi, si je fais des courses, je dois payer la même chose que vous à la Migros[53]... Je dois m'acheter l'abonnement de bus, je dois payer le loyer de mon appartement et cela me coûte plus que vous, car je sous-loue à une personne qui me fait payer une commission. Alors je dis que ça ne m'intéresse pas quand on me paye 10 francs l'heure. »

Parfois, la décision de rompre le contrat – ou l'arrangement de travail – se prend très vite, particulièrement chez des femmes « en interne »:

« Quand je suis arrivée, on m'a emmenée dans un travail en interne et j'ai tenu deux jours, parce que ça ne m'a pas plu (rires). »

Ceci se produit quand les tensions deviennent ingérables. De plus, si l'intrusion dans la sphère privée est trop forte, quitter son lieu de travail devient la seule option:

« Ça a duré un mois, un mois comme ça, en tout ça a duré comme trois mois dans le travail, mais le dernier mois, je me suis dit, non,

---

[52] Travailler « en interne » signifie avoir sa chambre sur son lieu de travail.
[53] La Migros est la plus grande chaîne de supermarchés en Suisse.

ce mois je vais le laisser, et je me suis dit, j'ai demandé à une amie de venir travailler. »

Des conditions de travail difficiles peuvent également provoquer un départ, telles que la charge d'enfants problématiques:

« L'enfant était épouvantable, il se mettait là où on rangeait le linge, un jour il a mis le feu avec des crayons à une armoire avec des habits, alors ils se sont fâchés, ils ont dit que je ne faisais pas assez attention, mais je ne l'ai pas vu et je l'ai dit à la dame, mais la dame m'a dit que non, que non, que non, que l'enfant n'était pas comme ça, que l'enfant n'était pas épouvantable, que c'était des mensonges, que c'était moi qui avais fait ça, et je lui ai dit, mais vous, vous croyez qui des deux, lui ou moi ? »

Une des manières de retourner la situation à son avantage, entre employée et employeuse, quand celle-ci s'est déjà détériorée, est de partir sans attendre un renvoi.

Comment les travailleuses domestiques développent-elles de solides compétences de négociation et d'affirmation dans un contexte de travail bien particulier, le secteur de l'économie domestique, en étant de surcroît sans statut légal, avec le risque, de perdre une place de travail ? Dans une première phase du parcours migratoire, l'échange avec les membres du réseau favorise l'acquisition de compétences. Comme nous le verrons plus loin, comparer ses propres conditions de travail à d'autres est nécessaire à la fois pour expliciter des limites et pour valoriser son travail. Les limites modèlent un cadre de travail et participent à l'amélioration de celui-ci. Dans l'extrait d'entretien suivant, une de mes interlocutrices énonce clairement le cadre dans lequel elle est d'accord de travailler, tout en sachant qu'elle risque une perte de travail:

« ...Et comme à ce moment j'avais besoin de l'argent, alors j'ai dû le faire. Imagine-toi si cela avait été quelque chose de plus grave que j'avais[54] ! Euhhhh, cela ne l'intéresse pas. C'est pour cela que maintenant je pense en premier à moi, ensuite à moi, et si je suis mal, si je suis bien malade, je ne vais pas au travail, et je le dis, et si ensuite on me licencie, ou on me met dehors, eh bien tant pis, je ne peux rien faire. »

Il existe un paradoxe entre une absence d'autorisation de séjour et le fait de s'affirmer, comme de poser des limites. L'acceptation de n'importe quel travail, quelles que soient les conditions, va généralement de pair avec une grande précarité. Néanmoins, dans ce contexte – tant d'absence de statut légal que de cadre de travail clairement défini – des modalités d'affirmation et de pose de limites existent.

Les indicateurs de la hiérarchie

Dans cette relation de travail, les entretiens révèlent que les signes relatifs à la hiérarchie apparaissent immédiatement. La manière dont les unes et les autres se nomment signale l'inégalité de leur position. L'asymétrie dans l'utilisation des noms et des prénoms ou encore dans les modes de vouvoiement *versus* tutoiement[55] indiquent dans quelle relation employées et employeuses se trouvent. Bien entendu, la hiérarchie est inhérente à toute relation de travail, toutefois la démarcation entre personnes sans autorisation de séjour et avec, ainsi que la particularité de ce secteur d'activité – l'économie domestique – complexifie les relations de pouvoir.

---

[54] M. souffrait d'une rage de dents terrible. Elle a demandé à son employeuse si elle pouvait rentrer chez elle, ce qui lui a été refusé, malgré sa bouche enflée et ses difficultés à parler.
[55] Parfois, ce mode de faire a une origine culturelle. Les personnes employeuses d'origine espagnole utilisent systématique le tutoiement – le vouvoiement n'étant pratiquement plus en usage en Espagne – cela irrite profondément les travailleuses domestiques.

Plusieurs tendances existent. De manière générale, les employées vouvoient leurs employeuses et les appellent Madame, en ajoutant soit le prénom, soit le nom de famille. Les employeuses vouvoient généralement leurs employées et l'appellent par leur prénom. Les travailleuses domestiques admettent le tutoiement, lorsque celui-ci s'explique par l'âge des personnes employeuses. Par contre lorsqu'il souligne l'asymétrie des positions sociales, elles préféreraient être vousoyées, traitement qui révèle un certain respect de la part des personnes employeuses :

> « Elle me tutoie, je pense qu'elle devrait me dire "vous", mais elle ne le fait pas. »

Les entretiens révèlent que même à la demande des personnes employeuses, les travailleuses domestiques ne parviennent jamais à les tutoyer. Les employées arguent le respect comme facteur inhibant :

> « Dans celui (de travail) où j'ai été quatre ans, la dame m'a toujours demandé que je la tutoie, que je l'appelle par son prénom, mais c'est quelque chose que n'ai jamais réussi à faire. »

Envers les enfants, même si ceux-ci sont presque adultes, le tutoiement des deux côtés est la norme.

Synthèse

La relation aux personnes employeuses fait partie intégrante du travail domestique salarié. Celle-ci se noue dès le premier contact entre employées de maison et personnes employeuses et participe à la construction du cadre de travail. Les processus de négociation commencent dès les premières interactions. La nécessité d'être en « bons termes » avec les employeuses conditionne également cette relation, que ce soit pour aménager les différents lieux de travail ou pour de nouvelles opportunités. Tout se passe comme si les employées parvenaient à se réapproprier, en partie du moins, la relation aux personnes employeuses, de telle manière que celle-ci apparaît comme choisie, que ce soit le degré de distance et/ou de proximité défini par l'employée, la définition du contenu des tâches, comme le temps à disposition pour les effectuer.

c) Stratégies de résistance et d'adaptation

Pour accéder aux stratégies d'adaptation et de résistance, des indicateurs, tels que les stratégies de comparaison et les philosophies de vie fournissent de précieuses informations.

Plusieurs auteures parlent de résistance sans vraiment définir ce terme. Une définition est donnée par Tabet (2004), lorsque celle-ci analyse différentes situations de résistance à l'intérieur d'un système de domination masculine, où l'échange économico-sexuel entre femmes et hommes participe à la construction des rapports sociaux de sexe. Le travail domestique assure, tout comme les diverses formes prises par la prostitution, une relation de service à une classe de sexe : « Comparer ici les degrés de contraintes ou d'autonomie des femmes dans les diverses formes de relations a un sens précis, c'est respecter, essayer de comprendre et d'analyser les choix que les femmes font elles-mêmes, même si ces choix et les relations auxquelles ils donnent lieu demeurent à l'intérieur des systèmes de domination masculine et ne permettent pas de leur échapper » (Tabet, 2004 : 117-118). Les inégalités structurelles dans lesquelles se trouvent insérées les migrantes et les projets qu'elles mettent en œuvre pour résister sont notamment analysés par Catarino et Morokvasic (2005).

Dans ce travail, le terme résistance est employé dans le sens de résister aux relations de pouvoir et de domination dans lesquelles les employées s'inscrivent, par le fait d'être femmes, migrantes, sans statut légal et de travailler dans un secteur d'activité bien particulier, celui de l'économie domestique. Résister à l'exploitation, à la dévalorisation de soi et à la clandestinité passe par un aménagement de la situation et du cadre de travail et non par une transformation radicale de leur situation. Cet agencement s'appréhende, comme nous allons le voir, au travers des comparaisons élaborées par ces femmes. Dans la partie suivante, la manière dont se constituent ces stratégies, ainsi que leurs fonctions seront développées. Celles-ci valorisent leur situation d'employées de maison et soulignent les résultats des négociations, comme un certain nombre de conditions de travail à leur avantage, en comparaison à d'autres personnes dont les conditions de vie et de travail sont pires que les leurs.

Stratégies de comparaison[56]

Les stratégies de comparaison, de surcroît dans un contexte d'absence de statut, favorisent-elles un aménagement de la situation et une résistance aux inégalités structurelles ? Participent-elles à la remise en question des conditions de travail vécues par les employées au quotidien ou, au contraire, permettent-elles de « justifier et d'intérioriser leur position de dominées » (Roux et *al.*, 1999) ? Les travailleuses domestiques définissent ce que sont des conditions de travail acceptables au travers de comparaisons avec des employées moins bien loties qu'elles:

« Moi, je partirais de ce travail »,
« Je ne le supporterais pas »,
« Je ne sais pas comment elle fait pour supporter cette situation, cette patronne, cette saleté »

---

[56] C'est la lecture de la thèse de Carbajal (2004) qui m'a rendue attentive aux processus de comparaison. Dans sa recherche, ceux-ci se construisent en lien avec le pays d'origine.

Le discours, construit par le truchement des comparaisons, rend possible l'évocation de ses propres conditions de travail, de manière indirecte, par l'intermédiaire du vécu de collègues et/ou de compatriotes, « une amie m'a dit que », « des personnes que je connais ont vécu telles choses ».

Non seulement les travailleuses domestiques arrivent à supporter leur travail, mais de plus, l'image qu'elles ont d'elles-mêmes au travers de celui-ci révèle, comme nous allons le voir, une certaine satisfaction. Quels sont les mécanismes qui leur permettent d'avoir une attitude si positive ? Suite aux entretiens menés, il apparaît que la satisfaction au travail est constituée de deux dimensions. La première découle des processus de comparaison, notamment quand les travailleuses domestiques se comparent à des personnes moins bien loties qu'elles ou à un imaginaire basé sur des paroles entendues relatives à la migration et aux dangers qu'elle représente. La deuxième dimension s'appuie sur la façon dont elles attribuent du sens à ce qu'elles vivent. Celle-ci sera abordée dans la partie suivante.

Les processus de comparaison situent les travailleuses domestiques dans leur trajectoire migratoire, ainsi que dans différentes situations de travail :
> « J'ai des amies qui sont exploitées au maximum, mais ce n'est pas mon cas ».

La manière dont les travailleuses domestiques se positionnent face à leur propre itinéraire, imaginé ou réel, ou face à celui d'autres travailleuses domestiques, par le biais de différentes comparaisons, nourrit et entretient leur sentiment de satisfaction. Les études sur la privation relative (notamment Guimond et *al.*, 1994 ; Roux et *al.*, 1999 ; Roux, 2001 ; Taylor et *al.*, 1990) montrent que pour estimer si ce qu'on vit est juste ou non, si c'est mérité ou pas, on se compare aux autres, afin de voir si, relativement à leurs situations, la position dans laquelle on se trouve est bonne ou non. Les travailleuses domestiques sans statut légal établissent différents types de comparaison, afin de parvenir à vivre au mieux leur travail. Il ressort de mes entretiens que les travailleuses domestiques se comparent à deux niveaux différents, intra-individuel (entre soi et soi dans une situation imaginée ou antérieure) et inter-individuel (entre des paires et soi). Dans les deux cas, les disparités peuvent être à leur avantage comme à leur désavantage.

Dans la comparaison intra-individuelle, le référentiel de comparaison est soi-même, par exemple lorsqu'elles font le parallèle entre leur situation actuelle et celle imaginée dans le pays d'origine :

> « Je pense que si j'étais dans mon pays, je serais mariée, j'aurais deux ou trois enfants, dieu sait combien d'enfants j'aurais, je serais à la maison, en train de nettoyer la maison, sans salaire (rires), ce serait... je sais pas, ce ne serait pas la même chose, je serais à l'université, mais je n'apprendrais pas la valeur de tout ce que j'ai appris maintenant, ça pas. C'est très difficile d'apprendre ce qu'on vient apprendre ici. Tu dois partir de ta maison pour apprendre ce qu'on apprend, on gagne beaucoup ici ».

Comparer ses conditions actuelles de travail avec celles vécues dans d'autres pays européens ou aux Etats-Unis, également dans un contexte d'absence d'autorisation de séjour, conforte les travailleuses domestiques dans le sentiment d'une amélioration de leur situation:

> « ...c'est comme ça, je ne peux pas faire autre chose (que travailler comme travailleuse domestique). En Espagne, j'y suis allée une fois pour essayer, pour voir si les choses m'allaient bien... mais il n'y a presque pas de femmes de ménage dans les maisons (...) et alors, j'ai été dans une fabrique, dans un hôtel, et je gagnais tellement peu, j'étais aussi sans-papier et ils me payaient peu, il y avait du travail, dans un salon de coiffure, pour laver les cheveux, mais dans une

journée il y avait deux ou trois personnes qui venaient, alors on ne gagnait rien. »

Lorsque les employées de maison comparent leur situation actuelle dans le pays de réception à celle initiale, ou à des expériences difficiles, cela permet de mesurer le chemin parcouru et de valoriser ce qu'elles vivent :

> « Maintenant elles me plaisent (les maisons où je travaille), parce que avant ça me désespérait... »

Pour certaines, les processus de comparaison leur ont permis, avant le départ, d'élaborer un univers dramatisé, et une fois sur place de relativiser les difficultés rencontrées. Les menaces potentielles engendrées par la police, comme de possibles situations d'abus ou de traumatismes, dans un contexte totalement inconnu, participent de cet imaginaire qui préside au départ. Une fois sur place, le quotidien apparaît comme relativement simple, même si la confrontation à certaines restrictions, telles que la formation et les déplacements, devient difficile à supporter :

> « Mais j'ai voulu le faire, j'ai toujours voulu partir, je ne me suis pas imaginée travailler comme ça, j'étais désespérée de devoir travailler comme ça... je pensais que c'était beaucoup plus compliqué, je pensais qu'il y avait toujours la police avec les pistolets, la psychose totale, non, non, en fait, c'est totalement tranquille, totalement différent, je peux dire que j'ai une vie normale, j'ai des limitations parce que je ne peux pas étudier, non, je ne peux pas faire ces choses, ça me plairait, je ne peux pas voyager, ça me plairait, mais bon en fin de compte, j'ai appris beaucoup, j'ai évolué énormément et j'ai 1001 projets... »

> « ...alors c'est toute une préparation psychologique de trois mois avant de venir, je vais venir ici et travailler comme employée domestique, je vais peut-être souffrir, je vais vivre des humiliations, mais pour atteindre des objectifs il faut savoir commettre des sacrifices, je me suis préparée comme ça et je me suis tellement préparée, j'étais tellement négative et je suis tombée sur des

personnes si bonnes, que rien de ce que j'avais imaginé ne m'est arrivé, je m'étais dit, je vais devoir porter un uniforme, je vais dormir dans la maison des patrons, peut-être qu'il y aura des choses traumatisantes, mais rien de tout ça ne m'est arrivé, tout au contraire, ça n'a pas été aussi violent le choc, quand je suis venue ici. »

Ces processus de comparaison permettent un va-et-vient entre un avant et un aujourd'hui, entre les premières phases souvent balbutiantes de la trajectoire migratoire et l'étape actuelle. Ces processus soulignent les améliorations vécues, en se référant à une situation antérieure – maladie, perte de travail, séparation, absence d'un·e enfant – ou à un ailleurs géographique.

Dans la comparaison inter-individuelle, le référentiel de comparaison est constitué par d'autres personnes, dont la situation devient alors le critère à partir duquel on estime juste ou injuste ce qu'on vit soi-même. C'est ce qui se produit quand mes interlocutrices évaluent leur position par rapport à des proches restées dans le pays d'origine ou désireuses d'émigrer:

> « ...c'est la vie, c'est ce que nous avons à vivre et bon, merci dieu, nous avons du travail, alors qu'il y a des personnes qui voudraient en avoir et qui ne peuvent pas en avoir, même en Bolivie, elles donneraient tout pour pouvoir venir et travailler (ici) et elles ne peuvent pas le faire. »

Ou encore lorsqu'elles comparent leur situation à celles de personnes qui s'en sortent moins bien qu'elles :

> « La vérité, c'est que je ne peux pas me plaindre. Je ne cesse de remercier dieu, parce que pour moi, ici, ça a été bien. Je n'ai jamais été sans travail... j'ai rencontré des personnes bonnes, qui m'ont énormément aidée et en comparaison, disons, j'ai toujours gagné un peu plus que mes amies, et ça on me l'a dit, c'est vrai que tu as de la chance, parce que toi, tu rencontres les meilleures places de travail. »

Les nouvelles provenant du pays d'origine sont souvent mauvaises ou angoissantes. Elles permettent de mieux supporter le quotidien dans le pays de réception et à trouver qu'en comparaison leur situation actuelle n'est pas si négative. Ces informations facilitent une prise de distance face aux difficultés rencontrées dans le pays de réception :

> « Quand on appelle, les gens disent que c'est dangereux, qu'il n'y a pas de travail, qu'il n'y a rien à faire, que les gens sont comme ceci, comme cela, non, on ne peut pas vivre là-bas, c'est difficile, d'abord, il n'y a pas de travail... il n'y a pas de travail... C'est dangereux si on sort. Il y a beaucoup de *guerilleros*, de terroristes, beaucoup de voleurs, beaucoup de... de tout... c'est un vrai désordre (rires) ».

Dans ce contexte, le fait d'avoir un travail est en soi un élément déterminant pour se satisfaire de sa situation, relativement aux personnes qui en recherchent. Le salaire, comme les qualités des personnes employeuses, font également l'objet d'une évaluation par comparaison:

> « C'est correct (ce que je gagne), je vois des amies qui travaillent pour 1500, 1'700 francs ».
> « Quand je me réunis avec d'autres personnes pour parler, des amies, il me semble que j'ai de bons employeurs, ils payent à l'heure, ils sont ponctuels... »

Les entretiens révèlent qu'il existe une certaine fierté à faire part de situations pires que la sienne. Une partie des travailleuses domestiques vivent des conditions de travail particulièrement dures et cumulent des mésaventures. Tout se passe comme si elles devenaient une « référence », car leurs expériences rapportées permettent à mes interlocutrices de se démarquer de leur parcours. Comparer son revenu à celui d'autres employées de maison facilite une appréciation positive de sa propre situation, comme migrante qui, malgré tous les obstacles rencontrés, a su se construire un cadre de travail relativement bon. Ces processus de comparaison, dans un contexte de durcissement des possibilités et des conditions de travail, maintiennent voire intensifient le sentiment de n'avoir finalement pas si mal réussi :

> « C'est chaque jour pire (la situation du travail), et je gagne beaucoup plus qu'elles (mes amies), alors, bon, dans ce sens tout se passe bien. »
>
> « Mais de toute manière quand je me mets à comparer ce que je gagne avec ce que gagnent d'autres gens... je ne me sens pas si mal payée, par rapport à d'autres. »

Ce sentiment favorise une perception satisfaisante de son travail actuel et le désir de ne pas en changer. Le revenu n'est d'ailleurs pas le seul élément qui incite les travailleuses domestiques à se positionner, dans un contexte où, par crainte de jalousie, il n'est que rarement révélé, d'autant plus s'il est considéré comme élevé. Le fait de comparer ses conditions de vie et de travail avec des femmes qui vivent sur leur lieu de travail met en exergue les marges d'organisation et de liberté dont disposent les employées de maison interviewées :

> « Moi, qui travaille par heures et qui ne vit pas sur mon lieu de travail, j'ai la liberté d'arriver chez moi et de faire ce que je veux, dormir à l'heure que je veux, voir ce que je veux et planifier mon temps, ce que je vais faire avec le temps libre que j'ai. »

La confrontation à une délégation différente des tâches domestiques, comme à des conditions de travail dans d'autres lieux de travail, ou dans les mêmes, mais avant un changement – naissance ou arrivée d'un·e enfant, déménagement dans un lieu plus éloigné du lieu de vie de l'employée, ou dans un espace plus grand – facilite la mesure d'autres possibles :

> « Alors, quand je fais des remplacements pour mes collègues et que je vais... Je n'ai pas eu cette chance, alors mes collègues, elles ne lavent pas la vaisselle, elles ne changent pas les draps, quand elles repassent, elles repassent seulement, elles ne doivent pas plier les bas, ni rien de tout ça. Alors, mes collègues, quand j'ai fait des

remplacements, elles ne m'avaient pas expliqué à fond comment cela marchait. Alors, je suis arrivée, et bien sûr, je n'avais pas assez de temps, alors que normalement j'en ai assez et j'ai fait comme j'en avais l'habitude (rires). »

Concernant les relations aux personnes employeuses, il existe également des comparaisons avec des situations de travail imaginées ou vécues de manière ponctuelle qui nourrissent un imaginaire de ce que sont, ou pourraient être, des relations problématiques. Comparer ses propres conditions de travail et ses relations aux personnes employeuses à cet imaginaire-là fait ressortir, par contraste, une situation à son avantage. Les entretiens révèlent la manière dont les travailleuses domestiques en général – ou elles-mêmes en particulier – sont ou ont été traitées dans la première phase de leurs parcours migratoires. Si les femmes interviewées avaient toutes pu s'éloigner des personne employeuses maltraitantes, pour d'autres leur rudesse – absence de parole, de remerciement, de petites attentions, telles que la possibilité de boire quelque chose ou de prendre un café, remarques blessantes, devoir payer de sa poche les dégâts qui surviennent au travail – demeure d'actualité :

> « Et tu dois supporter des humiliations, je n'ai pas dû les supporter, presque jamais, presque jamais, mais il y a beaucoup, je connais beaucoup de personnes, qui doivent supporter cela. »
> « Bon, je n'ai jamais eu de dames comme ça, parce que beaucoup de mes amies me disent, ah, cette dame, elle ne me parle même pas, elle ne me donne même pas un verre d'eau, elle ne me dit pas merci, rien. »
> « C'est Madame, on se dit vous, ils sont éduqués… mais non, il y a des gens qui… mon autre amie me dit qu'elle a eu des personnes très grossières, qui lui ont dit, regardez, vous n'avez pas fait ça bien, vous êtes aveugle, vous n'avez pas vu ça. J'ai fait des choses mal, j'ai cassé des choses, parce que je casse les choses, j'ai toujours dit, regardez, j'ai cassé ça, je le paye, non, non, tranquille, ce n'est pas grave, vous n'êtes pas fautive, vous n'allez pas prendre sur votre salaire pour payer ça, c'est cher, parce que j'ai cassé des choses

> chères aussi, mais mon autre amie, une qui travaille aussi à V., elle a cassé des choses et la patronne, au moment de payer, elle dit, cette lampe, elle coûte tant et elle retire cet argent (de son salaire), ah, j'ai dit, moi ma patronne, elle ne m'a jamais rien pris (sur mon salaire), rien. Cette dame, elle lui a retiré les 20 francs de la lampe, elle les lui a retirés, un jour elle a cassé le balai et elle, elle a dû acheter un autre balai et, comme ça, quand elle (la patronne) allait la payer, elle lui a dit, le balai s'est cassé, comme ça... Non, non, moi je partirais de ce travail, à moi, ça ne m'est pas arrivé, rien de tel. »
>
> « J'ai une amie, elle le fait bien, mais la dame, elle dit tout le temps que ça ne va pas, que ce n'est pas bien fait, c'est horrible, je ne sais pas comment elle supporte. »

Pour certaines, les processus de comparaison offrent la possibilité de se construire en « bonnes » travailleuses domestiques en opposition à celles qui « profitent », c'est-à-dire celles qui revendiquent trop et exigent des conditions de travail qui dépassent ce à quoi elles peuvent aspirer. Etre difficilement remplaçable – par exemple si l'employée possède une grande expérience du travail, sait s'y prendre pour connaître et répondre aux attentes et aux besoins des personnes employeuses – permet de se définir comme une réelle professionnelle :

> « Parce que mes employeuses sont à moitié spéciales et disent, parce qu'elles sentent la différence (en cas de remplacement). Je ne vais pas te dire que je suis une excellente employée, mais elles sentent la différence. Une autre ne va pas faire le travail (de la même manière). »
>
> « Parce que la majorité des gens que je connais ne pensent pas à la manière dont elles font les choses ou comment elles vont les faire, elles y vont et elles font les choses mécaniquement, par contre, moi, je dois m'organiser. »
>
> « Alors, de ce que je vois de mes amies, ce ne sont pas des personnes excellentes, elles ne se rendent pas toujours compte des besoins des gens et elles continuent comme ça. »

Les stratégies de comparaison sont également à mettre en lien avec les représentations que les femmes interviewées possèdent des travailleuses domestiques dans leur pays, représentations qui diffèrent de ce qu'elles expérimentent dans le pays de réception :

> « J'ai toujours dit en Bolivie que l'on ne se sent pas mal ici de travailler dans ce secteur, on ne vous fait pas sentir que vous êtes l'employée, du moins dans les expériences que j'ai eues. »

Comparer les facettes plus intéressantes d'un travail – telles que s'occuper de jeunes enfants ou élaborer des stratégies d'organisation – contrebalance, du moins en partie, les aspects plus monotones et plus pénibles du travail domestique salarié :

> « Il y a des moments où ça m'ennuie de devoir nettoyer des maisons, par exemple, parce que je n'apprends rien, les enfants, comme je veux travailler avec eux dans le futur, avec les enfants j'ai beaucoup appris, l'évolution de l'enfant depuis le début, quand il devient un peu plus grand, j'ai appris beaucoup, mais nettoyer une maison, non, la décoration, ça m'intéresse très peu. Je n'ai pas... ce n'est pas un travail qui permet d'apprendre dans ce qui est intellectuel et ça me désespère un peu, mais j'essaye de le compenser avec d'autres choses. »

Les comparaisons désignent parfois un choix, un signe du destin. Avoir émigré se construit alors comme un acte volontaire, en synchronicité avec une opportunité qu'elles ont su saisir :

> « Les choses ne se sont pas données à elle (ma sœur), elle aussi, elle voulait sortir du pays, mais elle, elle n'a pas eu l'opportunité, ni rien, alors peut-être, elle s'offusque, elle. »

Ces éléments d'analyse rejoignent ceux de la recherche d'Oso Casas (2005) sur les bonnes espagnoles qui travaillent et vivent à Paris. Malgré un contexte différent, notamment dans la possibilité d'obtenir une autorisation de séjour, certaines stratégies sont similaires. Pour cette chercheuse, la mobilité sociale des personnes migrantes est déterminée par les représentations que celles-ci s'en font. En effet, les personnes qui veulent émigrer évaluent les bénéfices de la migration, d'une part au travers des représentations qu'elles se sont construites du pays de destination et, d'autre part, au travers de leurs attentes concernant les possibilités de mobilité sociale. Cette auteure souligne que durant les premières années de la migration, les sacrifices sont plus élevés (logement, temps libre, activités faites dans le temps libre). Dans un deuxième temps, les personnes migrantes améliorent leurs conditions de vie dans le pays de réception. Selon elle, la mobilité sociale possède deux dimensions, l'une objective, l'autre subjective.

De plus, la mobilité des migrantes ne se mesure pas seulement au travers de leur propre trajectoire, mais également à celle des personnes restées dans le pays, « les personnes repères » (Oso Casas, citée par Catarino et Morokvasic, 2005: 18), qui n'ont pas pu ou voulu émigrer. Les comparaisons inter-individuelles se construisent ainsi au travers de ces « personnes repères », c'est-à-dire de personnes, soit restées dans le pays d'origine, soit qui ont émigré, auxquelles les travailleuses domestiques peuvent se comparer. Ces comparaisons fonctionnent, de manière générale, à leur propre avantage. En effet, les travailleuses domestiques se comparent avec des personnes qui ont moins bien réussi et qui se trouvent dans une situation pire que la leur. Cela leur permet de relativiser les obstacles auxquels elles sont confrontées. Par analogie à la notion de « personnes repères » d'Oso Casas (2005), je distingue également des « situations repères ». Autrement dit, il existe des contextes de travail qui favorisent l'émergence de comparaisons, tels que ceux qui illustrent le degré de saleté:

> « Parfois il y a des travaux sales, j'ai entendu des amies qui parlaient de tâches répugnantes... ».

Dans cet extrait l'employée souligne que, contrairement à d'autres, elle ne rencontre pas ces difficultés. Les « situations repères » participent ainsi à l'élaboration de représentations de son propre parcours; elles confirment la travailleuse domestique dans le sentiment de « s'en être bien sortie ».

Les philosophies de vie

Les philosophies de vie sont reliées, d'une part, aux conditions de travail et, d'autre part, à l'absence de statut, dans un contexte où les mois et les années révèlent ce que signifie réellement vivre sans autorisation de séjour. Les philosophies de vie se réfèrent à des comparaisons, elles mettent en évidence certaines réussites et cherchent du sens aux obstacles et aux épreuves rencontrées.

Les entretiens révèlent une représentation de la vie comme étant un *boomerang*. En effet tout se passe comme si les travailleuses domestiques reçoivent ce qu'elles donnent, ou ont donné. Leurs actions, si elles sont positives, génèrent une amélioration de leur situation, à moyen, voire à long-terme, alors que celles négatives engendrent une détérioration des conditions de travail et de vie. Les conséquences de leurs actes concernent également les descendant·e·s :

> « Ce n'est pas je veuille être bonne, mais je crains beaucoup dieu, la vie est un *boomerang*, ce que je fais, on me le rend, si c'est bon, si c'est mauvais, si ce n'est pas avec moi, c'est avec mes enfants. »

Dans cette ronde d'actions et de conséquences, dieu apparaît comme un intermédiaire qui tient une comptabilité, échangeant du bien contre du bien et du mal contre du mal :

> « Mais je me sens bien d'avoir aidé ces personnes, parce que dieu me le rend, parce que je fais les choses et je sens que dieu m'aide plus, plus, plus... je ne le fais pas en pensant à ça, je le fais avec du cœur. »

Dans le même ordre d'idée, si les employées de maison profitent d'une personne ou d'une situation, elles s'attendent à ce que d'autres se comportent de la même manière envers elles. Dans cette logique, une conduite honnête est toujours payante :

> « Dans le sens où ce que l'on donne, cela nous sera retourné, pas nécessairement dans le même temps, ni sous la même forme, mais que cela nous conduira vers un mieux eh bien c'est faire les choses bien, non. Pour dire, s'il y a un lieu où on me paye moins, je sais qu'après il va sortir quelque chose de mieux et que je pourrais laisser ce travail et que cette personne va sentir qu'elle a laissé une personne qui travaillait bien et qu'elle ne payait pas comme elle devait le faire et qu'une autre personne va arriver et qu'elle ne va pas (travailler aussi bien). »

La croyance en un dieu protecteur, qui sait, lui, pourquoi les choses se déroulent ainsi est un soutien dans la vie quotidienne :

> « Ne pas m'angoisser si les choses ne se donnent pas... Alors le temps le dira et si dieu le veut, quelque chose se produira, parce que je sais qu'avec tant de faux pas, quelque chose de bon va en sortir. »

Ces philosophies de vie favorisent l'acceptation de ce que les femmes interviewées vivent ou ont vécu et participent à des modalités d'adaptation. Autrement dit, ces manières d'attribuer du sens au quotidien n'aboutissent pas à envisager une réalité différente, mais aident à supporter et à rester dans une situation donnée.

Autour de la résistance

Différents indicateurs permettent de considérer les employées de maison interviewées comme actrices de leur histoire et construisant une résistance : aménagement du temps libre (marqueur d'une certaine « stabilité ») ; éloignement des travaux et des personnes employeuses pénibles ; initiative de la distance marquée avec celles-ci ; affirmation ; négociation des conditions de travail et des tâches déléguées ; pose de limites; utilisation des processus de comparaison à leur avantage.

Les modalités d'organisation, dont j'ai parlé précédemment, sont à mettre en lien avec l'expérience, qu'elle ait été acquise au fil du temps, par le vécu dans le pays d'origine ou encore par le partage de savoir-faire et d'informations avec des compatriotes dans le pays de réception. Elles augmentent le niveau d'organisation du travail et sont fondamentales pour la constitution de parcelles d'autonomie et d'un cadre de travail. Ces modalités s'élaborent dans la relation aux personnes employeuses. En effet, leur développement requiert la connaissance de leurs habitudes et de leurs besoins. Les possibilités d'agencement, dans l'ordre des tâches ou dans l'organisation des différents lieux de travail, participent également à l'émergence de l'autonomie.

Les entretiens révèlent que la résistance se construit également au travers de stratégies d'organisation. En effet, celles-ci permettent, d'une part, de créer ou de restaurer un sentiment de compétence, et, d'autre part, de se réapproprier le travail, par la connaissance des exigences et l'acquisition d'un savoir-faire. Ces deux éléments vont de pair avec la pose de limites et le refus d'exécuter certaines tâches.

Dans la prise de conscience de conditions de travail potentiellement différentes, le fait d'imaginer que certaines tâches ne devraient pas être déléguées, est un élément déterminant. Cette prise de conscience commence à forger l'imaginaire des conditions de travail désirées, et entraîne, du moins dans ce qui est pensé, une sélection entre les travaux acceptables et ceux qui ne le sont pas. C'est un premier pas vers l'émergence d'un sujet qui participe à la construction de son cadre de travail. Penser la résistance, dans ce contexte d'absence d'autorisation de séjour et de grande précarité, va de pair avec l'élaboration d'une réalité différente où certaines limites prennent forme, sont dites et même respectées, dans le cadre même du travail.

Synthèse

Les éléments de mon analyse sont à mettre en regard avec d'autres recherches questionnant l'organisation du travail. Plusieurs chercheurs, notamment Gaitskell & *al.* (1984) et Destremau & Lautier (2002), soulignent que, comme les employées de maison travaillent dans des unités isolées, vivent parfois sur leur lieu de travail, ou dépendent du bon vouloir des personnes employeuses pour accéder à un appartement, elles rencontrent des difficultés pour s'organiser entre elles. L'absence de collectif de travail, comme de modes d'organisation collective ou de syndicats, rend la question des droits et du rapport de subordination encore plus patente. Toutefois, il existe des exceptions significatives, telles que la création en 2001[57] du groupe femmes du Collectif de Travailleuses et de Travailleurs Sans Statut Légal (CTSSL), où certaines travailleuses domestiques ont pu, dans ce cadre, élaborer les dimensions relatives aux conditions de travail, à la connaissance et à l'organisation de celui-ci, en lien avec leur absence d'autorisation de séjour.

Le travail domestique salarié est particulier, car comme le disent Destremau & Lautier (2002 : 253) : « il est dominé par des représentations qui mêlent d'un côté l'altérité, la soumission, la stigmatisation et la dévalorisation de l'employée ; mais aussi, contradictoirement, l'intimité, la protection, la complicité et la rivalité. La domestique est toujours à la fois dedans et au-dehors. Elle doit "rester à sa place", mais sa place n'est jamais dite »

---

[57] A partir de 2008, ce groupe a perdu de sa visibilité. Les membres sont lasses que leurs actions et revendications n'aboutissent pas.

(2002 : 253). La dévalorisation du travail domestique découle de la non-reconnaissance des droits du travail ainsi que des formes multiples d'humiliation liées aux processus de subordination des domestiques, dans un contexte où la construction au rapport de travail est empreinte de la mauvaise réputation de celui-ci (Anderfuhren, 2002). Cette chercheuse souligne qu'il est plus facile de faire porter la dévalorisation du travail domestique par des proches, que de supporter l'idée d'être soi-même dans un emploi que l'on dévalorise. Les mécanismes sont semblables pour qualifier l'emploi où l'on se trouve. En effet, il est plus facile de dire que la place en question était mauvaise une fois quittée; le cas échéant les employées de maison se retrouvent confrontées à la question de savoir pourquoi elles s'y trouvent encore (Anderfuhren, 2002). C'est vraisemblablement pour cette raison que les femmes interviewées disent avoir de « bonnes places de travail » et ne parlent des difficultés rencontrées qu'au travers de paires ou d'expériences antérieures.

Les stratégies de comparaison permettent de vivre au mieux leur situation et de lutter contre la dépréciation du travail domestique. En effet, les travailleuses domestiques construisent une forme de résistance à l'exploitation, à la dévalorisation de soi et à l'absence d'autorisation de séjour en aménageant leurs conditions de travail et de vie, et non pas en les transformant de manière radicale. Ce type de résistance participe au maintien du *statu quo*. Dans ce contexte, les stratégies de résistance parviennent à faire supporter à ces femmes ce qu'elles vivent, dans une situation où elles ne possèdent guère de marge de manœuvre. Ce processus leur permet, d'une part, de se sentir bien en se comparant à des femmes moins bien loties qu'elles, et d'autre part d'étouffer de potentiels sentiments de révolte ou d'injustice.

Les stratégies de comparaison ne correspondent pas à une description objective des conditions de travail des travailleuses domestiques. En effet, les entretiens portent sur l'élaboration de ces stratégies et non sur la réalité objective de leur situation. Ces stratégies mettent en exergue la relativité de leurs conditions de vie et de travail. Tout se passe comme si ces femmes se réapproprient, du moins en partie, le cadre et les conditions de travail qui en découlent au travers de leur propre subjectivité.

3.- Circularité et échanges dans le réseau

a) Circularité du travail domestique entre femmes

Une analyse des échanges dans le réseau permet d'accéder aux pratiques, conseils et coups de main entre femmes sans statut légal. Dans la première étape du parcours migratoire, les femmes du réseau, qui ont déjà acquis un certain nombre de connaissances relatives aux conditions de travail et de vie, facilitent l'insertion de celles nouvellement arrivées:

> « Alors, le travail que j'ai eu, je l'ai obtenu par l'intermédiaire d'une personne que je connaissais ici, une dame, que j'avais connue dans les cours de français et elle m'a mise en contact avec une de ses amies et c'est par cette amie que j'ai eu une entrevue de travail, elle ne pouvait pas y aller ce jour-là et elle m'a passé l'entrevue. »

Accompagner une femme à un nouveau lieu de travail est également une pratique fréquente qui permet d'assurer la traduction[58] et un minimum de sécurité. Dans certains cas, il existe un système de commission pour ce genre « d'escorte » ou pour les recommandations[59]. Quand une occasion de travail

---

[58] Le fait de ne pas pouvoir se débrouiller dans la langue du pays de réception facilite les rapports de dépendance envers les intermédiaires.

[59] C'est une information à laquelle il est difficile d'accéder. Comme le fait de se partager parfois le travail à effectuer, il m'a fallu plusieurs entretiens avant d'accéder à cette information, et une fois la question introduite dans la trame de l'entretien, certaines femmes hésitaient à me répondre. Depuis 2005-2006, il existe, d'après les dires des travailleuses sans statut légal, une augmentation de pratiques relatives « aux commissions ». Les services rendus entre « anciennes » et « nouvelles » sont devenus payants et constituent un marché.

existe, mais que les horaires de travail ne conviennent pas, elle est proposée à une connaissance qui n'a pas encore réussi à compléter ses journées de travail.

Aller à une place de travail à la place de quelqu'une d'autre, quand celle-ci a un empêchement (contretemps, surcharge ponctuelle de travail, maladie), est une pratique courante :

> « Quand c'est la première fois, oui, j'ai accompagné beaucoup de personnes, j'ai aussi passé les entrevues de travail, parfois je laissais une annonce dans un supermarché, parfois les horaires de travail ne coïncidaient pas avec les miens, alors je laisse ouvert, je demande à l'employeuse, vous seriez intéressée par une autre employée, j'ai une amie qui cherche aussi un travail, je peux l'accompagner, vous la présenter, même si on ne se connaît pas avec cette personne, je propose une autre personne pour qui les horaires pourraient convenir, parfois ça s'est passé comme ça, j'ai accompagné beaucoup d'amies aux entrevues de travail, mais pas tant par peur ou précaution de ce qui pouvait se passer. »

Les entretiens révèlent également que l'accompagnement d'une travailleuse domestique sur les lieux de travail est fréquent, comme le fait de la retrouver sur place, généralement avec l'accord de la personne employeuse. Ce mode de faire permet d'augmenter la rentabilité du travail. La plupart des personnes employeuses n'y sont pas favorables. On peut formuler l'hypothèse que la présence de plusieurs employées de maison transformerait la relation à la personne employeuse. Elles constitueraient ainsi un embryon de collectif de travail et de ce fait, la personne employeuse perdrait un certain pouvoir.

En outre, le travail devient plus agréable, l'employée ne se retrouve plus seule sur son lieu de travail :

> « Parfois, comme le travail s'accumule, parfois nous amenons une personne pour le faire, elle nous aide, mais toujours dans mon travail, comme j'ai cette confiance, j'avise toujours la dame que je

vais amener quelqu'un et précisément la dame chez qui je travaille les matins, elle connaît toutes les filles avec qui je vis (rires), j'ai amené les filles à la maison si souvent. »

Accompagner ou retrouver une collègue rend le travail moins pénible et offre un moment de détente et de discussion :

> « Quelquefois, quand quelqu'un a besoin de partir plus tôt, pour une raison ou une autre, alors on demande de l'aide à quelqu'un, ou par exemple, parfois, avec des amies qui travaillent, elles me disent où elles travaillent pour que je vienne, mais pas pour travailler, pour parler un moment, ou quelque chose comme ça. »

Les nouvelles opportunités de travail peuvent également se transmettre entre employées de maison et personnes employeuses :

> « Ensuite, je les ai eus, parce qu'une amie me disait, écoute ça, je travaille avec une personne et une de ses amies, elle cherche quelqu'un, alors ainsi, ou encore parce que la même dame chez qui je travaille me dit, j'ai une sœur, j'ai une cousine, j'ai un ami, es-tu intéressée à y aller pour repasser ? Et ainsi se passe la chaîne. »

Il ressort des propos des femmes interviewées un rapport entre les pratiques d'échange dans le réseau et les modalités d'organisation. En effet, l'appartenance à un groupe d'employées de maison favorise ces pratiques et ces modalités. A mon sens, dans cette situation, le réseau peut être assimilé à un collectif de travail différé, qui construit et diffuse des normes, des pratiques et des manières de s'organiser. Les pratiques d'échange dans le réseau sont des éléments qui structurent le travail domestique salarié. Un autre type de réseau[60], entre employées de maison et personnes employeuses, favorise également les échanges de travail, en y inscrivant de nouvelles personnes employeuses,

---

[60] La fréquence des références au réseau entre employées de maison et personnes employeuses est toutefois bien moindre.

comme de nouvelles employées. Les liens et les échanges s'intensifient et se complexifient, les employeuses se recommandent de « bonnes » employées, avec notamment des avantages conséquents pour ces dernières (cf. la partie VI.2. Relation aux personnes employeuses).

Dans ce réseau-là, les travailleuses domestiques se déplacent, de même que leur capital symbolique et social se transfère :

> « Alors, c'est comme ça que j'ai obtenu ce travail et, ensuite, quelqu'un m'a recommandée et ce quelqu'un m'a recommandée à quelqu'un et ce quelqu'un m'a recommandée à quelqu'un d'autre. Alors, j'ai travaillé comme ça, dans un réseau fermé, ce sont les amis des amis, les frères[61] et je travaille dans un réseau fermé, complètement fermé. »

Les entretiens révèlent un rapport entre les échanges dans le réseau – ce que j'appelle la circularité – et une redistribution des tâches. La présence de pratiques d'échange et de répartition de travaux entre travailleuses domestiques signifie une amélioration de leur situation. Les nouvelles arrivées bénéficient du surplus de travail, celui que les anciennes ne peuvent pas effectuer ou dont elles ne veulent plus ; celles-ci se trouvent généralement déjà dans une étape de sélectivité et refusent alors certains travaux. La circularité s'inscrit nécessairement dans la durée (cf. V.1. Le champ des possibles). En cas de remplacement, pour une absence ponctuelle ou durable, les travailleuses domestiques proposent une collègue de confiance. La confiance envers la personne suppléante est un élément important. En effet, elle doit rendre le travail, une fois le remplacement terminé, même au cas où l'employeuse souhaite le garder:

---

[61] Il est intéressant de souligner que les termes employés sont au masculin, alors qu'en fait, elle parle des amies et des sœurs de ses employeuses.

« Cela varie beaucoup. Cela dépend si je fais des remplacements, bon, c'est aussi que maintenant avec l'école (les cours de français), je n'ai pas beaucoup de temps. Je le fais pour des gens proches, des amis je n'en ai pas ici, mais des personnes qui me sont assez proches et qui me connaissent, eh bien, aucune n'est partie en vacances. Mais durant le mois de décembre, j'ai fait un remplacement, un remplacement pour T., elle s'est très bien comportée, elle a divisé son temps de travail entre nous et, comme elle s'en allait, elle a divisé ses heures entre le groupe de femmes, cela dépendait aussi des disponibilités des filles. C'est le dernier que j'ai fait (de remplacement), de décembre à mars. »

Dans les situations de maladie, l'employée demande à une personne proche de prendre en charge de manière temporaire son travail ou de venir l'aider sur son lieu de travail afin d'en raccourcir le temps :

« Normalement, quand j'ai quelque chose et que je suis très malade, bon c'est rare, que je n'aille pas travailler, je demande à ma sœur qu'elle y aille ou je demande qu'elle vienne avec moi et qu'elle m'aide à faire le travail. »

Il y a toute une série de questions sur lesquelles cette recherche ne porte pas. Qu'est-ce qui circule et comment ? Comment ces réciprocités différées s'articulent-elles ? Existe-t-il une comptabilité détaillée de ce qui est donné et reçu ? Ce que donnent et reçoivent les travailleuses domestiques dépend-il de leur propre position dans le réseau ?

Synthèse

Le réseau entre employées de maison favorise toute une série d'échanges d'informations, de pratiques et de conseils. Il facilite l'insertion des femmes nouvellement arrivées, la connaissance du marché du travail et des opportunités de travail existantes. Le réseau prend le rôle d'un collectif de travail différé dans la construction et la diffusion de pratiques. Il apparaît que les travaux s'échangent avec une certaine fréquence. En effet, ceux-ci sont redistribués, selon les horaires, les lieux de travail, le temps à disposition ou le degré de pénibilité. Les anciennes tentent de s'éloigner des cadres de travail tendus, des tâches ingrates, comme des personnes employeuses difficiles. Les personnes employeuses participent également de l'accroissement des possibilités de travail, en recommandant leur employée de maison à une connaissance, ami·e ou parent·e.

VII Conclusion

Arrivée au terme de ce travail, je vais dans un premier temps reprendre les principaux résultats, les synthétiser et soulever quelques interrogations et pistes de recherche. Ensuite, l'importance des actions collectives qui se construisent, ou pourraient potentiellement s'élaborer, dans les mouvements sociaux et au sein du mouvement féministe sera abordée.

Synthèse des résultats

Différents éléments constituent la relation entre employées de maison et personnes employeuses : la manière dont s'effectuent les premiers contacts, le degré de distance ou de proximité et les processus de négociation. Celle-ci apparaît *a priori* comme une relation de pouvoir ; toutefois, les travailleuses domestiques l'investissent de significations différentes et la valorisent. D'après les entretiens, la différence de statut entre employées de maison et personnes employeuses est peu présente. Les employées déterminent en effet les degrés de proximité et de distance qu'elles souhaitent entretenir avec les personnes employeuses, posent des limites face aux tâches déléguées, voire refusent certains lieux de travail quand les conditions de travail sont trop astreignantes. Cette marge de manœuvre est un élément essentiel pour comprendre les stratégies que les travailleuses domestiques mettent sur pied.

Le lien entre processus de négociation et conditions de travail en contexte d'absence d'autorisation de séjour n'était pas escompté. La capacité des employées de maison à négocier et, de ce fait, d'avoir un impact sur leurs conditions de travail, est présente dès les premiers contacts avec les personnes employeuses. Les processus de négociation sont-ils également prégnants auprès des femmes et des hommes sans statut légal travaillant dans d'autres secteurs d'activité ? En effet, dans les secteurs de la construction, de la restauration ou encore du nettoyage – pour ne prendre que ces trois exemples – les travailleuses et les travailleurs ne négocient probablement pas de manière constante leur salaire horaire, leur temps de travail ou encore le contenu des tâches à effectuer. Dans le secteur de l'économie domestique, ces négociations sont à mettre en lien, avec la nécessité de construire un cadre de travail et de définir des conditions de travail acceptables.

Les échanges dans le réseau permettent de connaître les usages dans ce secteur d'activité, les manières de réagir en cas de retard de payement ou de délégation intempestive; ils participent ainsi à la construction de marges de manœuvre. Les entretiens révèlent que ces échanges ont une influence sur les modalités d'organisation – entre les différents lieux de travail comme entre les tâches déléguées dans un travail donné – et les pratiques en vigueur dans ce secteur d'activité, comme les conditions dans lesquels les activités sont déléguées.

Les femmes interviewées témoignent d'un lien entre conditions de travail en contexte d'absence d'autorisation de séjour et abus. La catégorie « abus » est une dimension structurante de leurs conditions de travail, bien que, parmi mes interlocutrices, toutes avaient acquis une certaine « stabilité » au moment de l'enquête. Les travailleuses domestiques nomment les abus vécus dans le cadre de leur travail seulement quand une certaine distance a pu être prise, par exemple lorsque ces événements font partie du passé et de l'expérience acquise, ou encore quand ceux-ci permettent d'élaborer des comparaisons.

Les entretiens révèlent une utilisation fréquente de comparaisons, intra-individuelle, entre soi et soi, ou inter-individuelle, entre soi et les autres. Mes interlocutrices se comparent généralement avec des personnes moins bien loties qu'elles. Ces comparaisons portent sur le vécu et les difficultés de proches resté·e·s au pays, les conditions de travail dans le pays de réception, ainsi que la relation aux personnes employeuses. Ces comparaisons jouent un rôle fondamental dans la construction de la résistance, au travers d'une appréciation positive de leur travail. Celui-ci apparaît alors comme relativement bon. Les travailleuses domestiques se construisent ainsi en sujet de leur propre histoire, et résistent à l'absence d'autorisation de séjour, à la dévalorisation et à l'exploitation.

Du côté des employeuses, les mêmes processus, du moins dans une certaine mesure, sont à l'œuvre. Comme le souligne Roux et *al.* (1999), différentes formes de comparaison entre l'investissement de leur partenaire dans les tâches domestiques, et celui d'autres partenaires, évitent de réveiller un sentiment d'injustice motivé. Au niveau collectif, tout se passe comme si des mécanismes similaires opèrent, perpétuant le système social et économique actuel. A différents niveaux, ces comparaisons favorisent le maintien du *statu quo*, en favorisant un regard positif sur la situation dans laquelle les actrices et acteurs social·e·s se trouvent. Si celles-ci et ceux-ci ne considéraient pas leur situation comme relativement bonne, une majorité opterait certainement pour une transformation radicale du système socio-économique actuel.

En établissant un parallèle avec des travaux sur la privation relative (Guimond et Tougas, 1994 ; Roux, 2001 ; Taylor, 1990), tout se passe comme si le fait de se comparer soi-même avec des employées qui s'en sortent mieux – ou comparer ses propres conditions de travail à d'autres meilleures – permet d'imaginer que sa situation pourrait être différente et, dans un deuxième temps, de mobiliser des ressources pour que celle-ci se modifie. Alors que se comparer à des employées qui réussissent moins bien – ou comparer ses conditions de travail à d'autres pires – favorisent la réappropriation de leur trajectoire migratoire, dans un contexte d'absence d'autorisation de séjour. Les collectifs de travail différés, tels que le groupe femmes du Collectif de Travailleuses et de Travailleurs Sans Statut légal (CTSSL), ainsi que les échanges d'information dans le réseau, jouent un rôle fondamental dans la connaissance des conditions de travail, comme des *us* et coutumes de ce secteur d'activité. Cette connaissance favorise des comparaisons entre ses propres conditions de travail et celles jugées satisfaisantes. Elles contribuent ainsi à rendre pensable une situation meilleure.

Quant à la division sexuelle du travail, tout se passe comme si l'externalisation du travail domestique favorise la croyance en une égalité, non seulement auprès des employeuses, mais également auprès des employées – néanmoins les mécanismes à l'œuvre sont dans les deux cas différents. Pour les employeuses, l'externalisation du problème, c'est-à-dire du travail domestique, leur offre la possibilité de ne plus, ou moins, voir que l'investissement de leur partenaire est différent du leur. Quant aux employées, la représentation d'une répartition plus ou moins symétrique chez les couples au sein desquels elles travaillent, les conforte dans l'impression d'une égalité acquise. Ce sentiment occulte les positions des unes et des autres, ainsi que les investissements différents dans le travail domestique, empêchant ainsi une remise en cause. Ce travail reste entre les mains des femmes. Les hommes qui vivent en couple ne vont guère s'y impliquer.

Quels sont les changements possibles, pensables, dans ce domaine ? Cette structure peut-elle se décristalliser ? Cette situation empêche d'imaginer une organisation du travail différente, telle que la prise en charge collective d'une partie des activités de reproduction, dans un contexte où d'autres modèles de vie commune et de couple seraient collectivement imaginés et pratiqués.

Quelques éléments de réflexion

Une employée de maison remplace-t-elle facilement une autre employée de maison ? En d'autres termes, le travail domestique salarié peut-il être effectué si facilement ? Qu'en est-il du principe de substituabilité entre employées de maison ? En effet, il y'a d'une part une grande difficulté à remplacer une employée domestique, *a fortiori* quand c'est pour effectuer un travail de proximité avec un·e jeune enfant, une personne âgée et/ou dépendante. Comme le montrent notamment Gaitskell et *al.* (1984), les employeuses tendent à vouloir engager, plus qu'une force de travail, un ensemble de traits de caractère (cf. IV.1. Enjeux du travail domestique et de son externalisation). D'autre part, une assignation générale et généralisée construit ce travail comme étant du ressort de toutes les femmes.

A mon sens, le processus de réification de la pauvreté (Lamoureux, 2005) nous fournit quelques éléments de réponse. C'est-à-dire le fait de réduire des êtres humains ou des situations à l'état d'objet, en leur donnant les caractères d'une chose et en leur faisant perdre leur subjectivité. Ce processus prend-il davantage d'ampleur auprès des employées de maison sans statut légal ? Dans différents contextes sociaux, l'accent est mis, non pas sur les rapports sociaux qui tissent et construisent ces situations, mais sur leurs conséquences. Lamoureux (2005) analyse les mécanismes de réification de la pauvreté, et sa réflexion est, selon moi, particulièrement pertinente dans un contexte d'absence d'autorisation de séjour. Tout se passe comme si par exemple la pauvreté, le chômage ou encore l'absence d'autorisation de séjour, ne découlaient pas d'un certain nombre de décisions politiques et économiques. Ces décisions et leurs conséquences émergent, *deus ex machina,* telles des *tsunamis,* sur lesquels les actrices et acteurs social·e·s ne possèdent guère de pouvoir. Elles et ils ne peuvent que constater l'ampleur des dégâts. Dans le meilleur des cas, la mise sur pied de politiques publiques, tout en gérant des situations sociales, renforce généralement l'occultation des rapports sociaux sous-jacents (Lamoureux, 2005).

Concernant le contexte d'absence d'autorisation de séjour, parmi les procédés qui participent à la réification des situations, Lamoureux (2005) en souligne trois principaux. Tout d'abord l'instrumentalisation, c'est-à-dire l'utilisation des femmes sans statut légal et de leurs corps comme facteurs de production, considérées comme des « machine-à-faire-le-travail » (Guillaumin, 1992). D'autre part la substituabilité, c'est-à-dire l'interchangeabilité et le remplacement d'une personne ou d'une catégorie de personnes par une autre, notamment lors de délocalisation de la production (Lamoureux, 2005) et de l'importation du travail de reproduction. Comme celui-ci ne peut que difficilement être exporté, des migrantes, souvent sans statut légal, effectuent ce travail à un moindre coût. Enfin le déni de subjectivité, c'est-à-dire que les personnes sans statut légal sont privées de toute légitimité[62] pour nommer les rapports sociaux dans lesquels elles s'insèrent. Ainsi, les groupes sociaux dominés sont assimilés à des objets et présentés comme tels. Au niveau politique, une des manières de s'opposer à la réification, c'est de mettre sur pied des mécanismes qui permettent d'acquérir des droits (Carreras & Perregaux, 2002). Ceci en opposition à une attention focalisée sur les besoins, qui crée des victimes (Lamoureux, 2005). Toute l'ambivalence se situe là, comment acquérir et revendiquer des droits quand on se trouve sans statut légal ? Comment travailler à combler le fossé entre droits théoriques et droits réels ?

---

[62] La création de Collectifs de travailleuses et de travailleurs sans statut légal nous démontre le contraire. Néanmoins si on parle de l'ensemble des personnes sans statut légal le déni de subjectivité reste pertinent.

Que deviennent les anciennes travailleuses domestiques qui ont tant rêvé d'échapper à ce secteur d'activité ? Selon certaines chercheuses et chercheurs, dont Destremau & Lautier (2002), le très petit nombre d'employées âgées serait un indice que la plupart d'entre elles ont réalisé leur rêve et quitté ce secteur. Sont-elles retournées dans leur pays ? Ont-elles pu mener à bien le projet migratoire imaginé ? Se sont-elles mariées ici, ou ailleurs en Europe et ont-elles acquis par ce biais une autorisation de séjour ? Dans le cadre d'une demande de régularisation ont-elles obtenu une autorisation de séjour ? Pour celles, âgées et/ou malades, restées sans statut légal à long terme, voire à perpétuité, que deviennent-elles ? Que deviennent, une fois adultes, les enfants qui grandissent dans cette situation ? Et leurs propres enfants ? Face à une « troisième génération »[63] de personnes sans autorisation de séjour, les pays de réception se sentent-ils concernés ? Autant d'interrogations que nos catégories de pensée peinent à appréhender.

Dans le contexte qui nous occupe, il m'a paru important de reprendre quelques éléments de réflexion du mouvement féministe. Tout d'abord, pour lutter contre les différentes formes d'invisibilisation qui frappent les femmes migrantes et, *a fortiori*, celles sans statut légal dans le secteur de l'économie domestique, il est fondamental de débattre et de construire cette réalité en sujet de discussion, avec ses facettes multiples et parfois contradictoires. Avoir des espaces propres, où les femmes peuvent développer, expérimenter et nourrir une réflexion, ainsi que des modalités de luttes, demeure essentiel. De Giorgi & Bonnard explicitent la nécessité de la non mixité : « Il nous semble que la réflexion sur le travail domestique nécessite le maintien et le développement d'un mouvement de femmes non mixte. En effet, dans le cadre du ménage, ce travail est le lieu si ce

---

[63] J'ai pu observer, dans mon cadre professionnel, l'émergence d'une deuxième, voire d'une troisième génération de personnes sans statut légal. Par exemple, des personnes arrivées adolescentes en Suisse, qui deviennent parents à leur tour et dont les parents sont toujours sans statut légal.

n'est d'une exploitation, en tout cas d'une domination. Et il est toujours difficile pour les dominées de se libérer ensemble avec leur oppresseurs, particulièrement sur cette question qui touche à notre quotidien » (2004 :149).

La constitution, au niveau national, de divers groupes de travailleuses sans statut légal, de même que l'existence de groupes d'appui, tels que celui issu du Collectif genevois du 14 juin, vont dans ce sens. D'autant plus que, comme le soulignent Curiel, Masson & Falquet: « (…) il est urgent que le mouvement féministe écoute ce que disent les femmes exploitées sur ce marché du travail et appuie véritablement leurs combats, qui nous concernent toutes – et qui ont des dimensions nord-sud et migratoires particulièrement importantes pour nous toutes aujourd'hui. Les travailleuses domestiques, indiennes, noires, migrantes et sans-papiers, ou avec, constituent en quelque sorte le prototype de "la femme mondialisée" et certainement, potentiellement, un des groupes les plus lucides sur l'avancement du néolibéralisme » (2005 :11-12).

Certains éléments de réponse aux difficultés rencontrées par les mouvements féministes – et j'ajouterai de manière plus large vraisemblablement par l'ensemble des mouvements sociaux – sont fournis par Delphy (2002). Le premier est l'absence de différenciation entre le court et le moyen terme. Il est essentiel d'accepter réellement que les changements ne peuvent s'effectuer que dans le long terme et ne pas les vouloir trop rapidement. Cette acceptation permet d'éviter, du moins en partie, les phases d'épuisement et d'amertume des personnes impliquées dans des mouvements. Le second souligne le manque d'outils pour évaluer la part de déterminisme, c'est-à-dire ce qu'il est possible, ou non, de modifier, en tant qu'individu, et quelle est la marge de manœuvre à disposition. A mon sens, les différents Collectifs, notamment pour la régularisation des travailleuses et travailleurs sans statut légal, sont confrontés aux mêmes enjeux.

VIII Bibliographie

Anderfuhren Marie (2002). « Mobilité professionnelle des domestiques au Brésil (Nordeste): une logique complexe ». In Blandine Destremeau et Bruno Lautier (dir.). *Femmes en domesticité, les domestiques du Sud, au Nord et au Sud. Revue Tiers Monde*, t. XLIII, no 170, 265-285.

Anderson Bridget (2000). *Doing the Dirty Work ? The Global Politics of Domestic Labour.* London and New York, Zed Books.

Bardin Laurence (2003 [1977]). *L'analyse de contenu.* Paris, PUF.

Bloch Françoise, Monique Buisson, (2004). *La garde d'enfants, une histoire de femmes : entre don, équité et rémunération.* Paris, L'Harmattan.

Carbajal Mendoza Myrian (2004). *Actrices de l'ombre: La réappropriation identitaire des femmes latino-américaines sans papiers.* Université de Fribourg, Thèse présentée à la Faculté des Lettres.

Carreras Laetitia, Perregaux Christiane (2002). *Histoires de vie, Histoires de papiers : du droit à l'éducation aux droits à la formation pour les jeunes sans-papiers.* Lausanne, Genève. Les Editions d'en bas, Centre de Contact Suisses-Immigrés.

Carreras Laetitia (2006). *Migrantes sans statut légal, travail domestique et externalisation : invisibilités multiples et stratégies de résistance.* Universités de Genève et de Lausanne. Mémoire de DEA en Etudes Genre.

Carreras Laetitia (2008). « Travailleuses domestiques "sans papiers en Suisse": comment s'en sortir, rester, résister ? ». *Nouvelles Questions Féministes,* vol. 27, no 2, 84-98.

Catarino Christine et Morokvasic Mirjana (2005). « Femmes, genre, migrations et mobilités ». *Revue Européenne des Migrations Internationales,* vol. 21, no 1, 7-27.

Chabaud-Rychter Danielle, Fougeyrollas-Schwebel Dominique et Sonthonnax Françoise (1985). *Espace et temps du travail domestique.* Paris, Librairie des Méridiens.

Collectif du 14 juin (2004). *Appel pour le partage du travail domestique entre hommes et femmes, Pour la régularisation collective des personnes sans statut légal.* Genève.

Commission d'experts « sans-papiers » (2004). *Rapport de la commission d'experts pour les travailleurs « sans-papiers » à l'intention du Conseil d'Etat genevois.* République et canton de Genève.

Curiel Ochy, Masson Sabine et Falquet Jules (2005). « Féminismes dissidents en Amérique latine et aux Caraïbes ». *Nouvelles Questions Féministes,* vol. 24, no 2, 4-13.

Daune-Richard Anne-Marie (1984). « Activité professionnelle, travail domestique et lignées féminines ». In Marie-Agnès Barrère-Maurisson et Françoise Battagliola (dir.). *Le sexe du travail, Structures familiales et système productif.* Presses universitaires de Grenoble, 45-56.

De Giorgi Alda & Bonnard Sylvie (2004). « Quelle solidarité avec les femmes migrantes sans statut légal qui travaillent dans le secteur de l'économie domestique ? ». *Olympe, Feministische Arbeitshefte zur Politik,* no 20, 143-154.

Delphy Christine (1998 [1970]). « Travail ménager ou travail domestique ? ». *L'ennemi principal : économie politique du patriarcat.* Paris, Editions Syllepse, 57-73.

Delphy Christine (2002). *L'ennemi principal : penser le genre.* Paris, Editions Syllepse.

Delphy Christine (2003). « Par où attaquer le "partage inégal" du "travail ménager"? ». *Nouvelles Questions Féministes,* vol. 22, no 3, 47-71.

Denèfle Sylvette (1995). *Tant qu'il y aura du linge à laver : de la division sexuelle du travail domestique.* Corlet, Panoramiques.

Destremeau Blandine et Lautier Bruno (2002). « Introduction ». In Blandine Destremeau et Bruno Lautier (dir.). *Femmes en domesticité, les domestiques du Sud, au Nord et au Sud. Revue Tiers Monde,* t. XLIII, no 170, 249-264.

Dussuet Annie (2005). « Dire l'amour, taire le travail. Sous l'amour, le travail... ». *Nouvelles Questions Féministes,* vol. 24, no 2, 86-95.

Ehrenreich Barbara and Russell Hochschild Arlie (dir.) (2002). *Global Woman, Nannies, Maids and Sex Workers in the New Economy.* London, Granta Books.

Falquet Jules (2006). « Hommes en armes et femmes "de service": tendances néolibérales dans l'évolution de la division sexuelle et internationale du travail ». *Cahiers du Genre,* no 40, 15-37.

Federici Silvia (2002 [1999]). « Reproduction et lutte féministe dans la nouvelle division internationale du travail ». In Christine Verschuur et Fenneke Reysoo (dir.). *Genre, mondialisation et pauvreté. Cahiers genre et développement,* no 3, Genève, L'Harmattan, iuéd-efi, 45-69.

Flückiger Yves et Pasche Cyril (2005). *Rapport final « Analyse du secteur clandestin de l'économie domestique à Genève ».* Genève, Observatoire Universitaire de l'Emploi, Laboratoire d'économie appliquée.

Fougeyrollas-Schwebel Dominique (2000). « Travail domestique ». In Helena Hirata, Françoise Laborie, Hélène Le Doaré et Danièle Senotier (dir.). *Dictionnaire critique du féminisme.* Paris, Presses Universitaires de France, 235-240.

Gafner Magalie et Schmidlin Irène (2007). « Le genre et la législation suisse en matière de migration ». *Nouvelles Questions Féministes,* vol. 26, no 1, 16-37.

Gaitskell Deborah, Kimble Judy, Maconachie Moira & Unterhalter Elaine (1984). « Class, Race and Gender: Domestic Workers in South Africa ». *Review of African Political Economy,* no 27/28, 86-108.

Gallego Rosio (2004). « Le Collectif des femmes sans statut légal, une expérience d'auto-organisation ». In Christine Verschuur et Fenneke Reysoo (dir.). *Femmes en mouvement, Genre, migrations et nouvelle division internationale du travail. Les colloques genre de l'iuéd, Collection Yvonne Preiswerk,* 91-104.

Gregson Nicky and Lowe Michelle (1994). *Servicing the Middle Classes. Class, gender and waged domestic labour in contemporary Britain.* London and New York, Routledge.

Guillaumin Colette (1992). *Sexe, race et pratique du pouvoir, L'idée de Nature.* Paris, côté-femmes éditions.

Guimond Serge et Tougas Francine (1994). « Sentiments d'injustice et actions collectives : la privation relative ». In Richard Y. Bourhis et Jacques-Philippe Leyens (dir.). *Stéréotypes, discriminations et relations intergroupes.* Liège, Mardaga, 201-231.

Haari Johanne (2005). *Identités et stratégies d'insertion : parcours de femmes migrantes à Genève.* Mémoire de licence, Sciences de l'éducation. Université de Genève.

Immigration, Intégration, Emigration, Suisse (IMES) (2004), Office fédéral des réfugiés (ODR), Office fédéral de la police (fedpol) et Corps des gardes-frontière (AFD). *Rapport sur la migration illégale.* Berne, Office fédéral de la justice.

Kergoat Danièle (2000). « Division sexuelle du travail et rapports sociaux de sexe ». In Helena Hirata, Françoise Laborie, Hélène Le Doaré et Danièle Senotier (dir.). *Dictionnaire critique du féminisme.* Paris, Presses Universitaires de France, 35-44.

Lamoureux Diane (2005). « Objectiver les personnes, réifier les situations ». *Nouvelles Questions Féministes,* vol. 24, no 1, 24-37.

Morokvasic Mirjana (1983). « Women in migration: beyond the reductionist outlook ». In Annie Phizacklea (ed.). *One way ticket, Migration and female labour.* London, Boston, Routledge & Kegan, 13-31.

Morokvasic Mirjana (1986). Emigration des femmes: suivre, fuir ou lutter[64]. *Nouvelles Questions Féministes,* no 13, 65-75.

Muhr Thomas, Friese Susanne (2004). *User's Manual for Atlas.ti 5.0.* Berlin. Scientific Software Development, 2nd Edition.

Oso Laura et Catarino Christine (1996). « Femmes chefs de ménage et migration ». In Jeanne Bisilliat et Michèle Fieloux (dir.). *Femmes du Sud, chefs de famille.* Paris, Karthala, 61-97.

Oso Casas Laura (2002), « Stratégies de mobilité sociale des domestiques immigrés en Espagne ». In Blandine Destremeau et Bruno Lautier (dir.). *Femmes en domesticité, les domestiques du Sud, au Nord et au Sud. Revue Tiers Monde,* t. XLIII, no 170, 287-305.

Oso Casas Laura (2005). « Femmes, actrices des mouvements migratoires ». In Christine Verschuur et Fenneke Reysoo (dir.). *Genre, nouvelle division du travail et migrations. Cahiers genre et développement,* no 5, Genève, L'Harmattan, iuéd-efi, 35-54.

---

[64] Cet article a été repris en 2005 In Christine Verschuur et Fenneke Reysoo (dir.). *Genre, nouvelle division du travail et migrations. Cahiers genre et développement,* no 5, Genève, L'Harmattan, iuéd-efi, 55-65.

Oso Casas Laura (2005). « La réussite paradoxale des bonnes espagnoles de Paris: stratégies de mobilité sociale et trajectoires biographiques ». *Revue Européenne des Migrations Internationales,* vol. 21, no 1, 107-127.

Pheterson Gail (2001). *Le prisme de la prostitution.* Paris, L'Harmattan.

Phizacklea Annie (1983). « Introduction ». In Annie Phizacklea (ed.). *One way ticket, Migration and female labour.* London, Boston, Routledge & Kegan, 1-11.

Roux Patricia, Perrin Valérie, Modak Marianne et Voutat Bernard (1999). *Couple et égalité, un ménage impossible.* Lausanne, Réalités sociales.

Roux Patricia (2001). « Perception of Discrimination, Feelings of Injustice and Women's Resistance to Gender Equality ». In F. Butera et G. Mugny (ed.). *Social influence in social reality, Promotings individual and social change.* Berne, Hogrefe & Huber, 165-190.

Russell Hochschild Arlie (2003). « Love and Gold ». In Barbara Ehrenreich and Arlie Russell Hochschild (ed.). *Global Woman, Nannies, Maids and Sex Workers in the New Economy.* London, Granta Books, 15-30.

Salazar Parreñas Rhacel (2002). « The Care Crisis in the Philippines: Children and transnational Families in the New Global Economy ». In Barbara Ehrenreich and Arlie Russell Hochschild (ed.). *Global Woman, Nannies, Maids and Sex Workers in the New Economy.* London, Granta Books, 39-54.

Schiess Ueli et Schön-Bühlmann Jacqueline (2004). *Compte satellite de production des ménages, Projet pilote pour la Suisse.* Neuchâtel, Office fédéral de la statistique.

Syndicat interprofessionnel de travailleuses et de travailleurs (2003). *Pour mettre à jour l'économie de l'ombre, Régularisation collective des travailleuses et des travailleurs « sans papiers ».* Genève, Bulletin d'information.

Syndicat interprofessionnel de travailleuses et de travailleurs (2004). *Un secteur et des travailleurs-euses dans l'ombre, Régularisons les sans-papiers et le secteur de l'économie domestique.* Genève, Bulletin d'information.

Tabet Paola (2004). *La grande arnaque, Sexualité des femmes et échanges économico-sexuels.* Paris, L'Harmattan.

Taylor Donald M., Wright Stephen C., Moghaddam Fathali, Lalonde Richard N. (1990). « The personal/group discrimination discrepancy : perceiving my group, but not myself, to be a target for discrimination ». *Personality and Social Psychology Bulletin*, vol. 16, no 2, 254-262.

Vandelac Louise, (1985). « Le New Deal des rapports hommes-femmes : *big deal !* Les illusions du partage des tâches ». In Louise Vandelac, Diane Belisle, Anne Gauthier, Yolande Pinard. *Du travail et de l'amour, les dessous de la production.* Les Editions Saint-Martin, 323-366.

Wanner Philippe (2006). *Transferts de fonds des migrants : la migration Nord-Sud, un outil pour la réduction de la pauvreté ?* Laboratoire de démographie et d'études familiales, Université de Genève.

Wichterich Christa (1991). *La femme mondialisée.* Arles, Acte Sud.

Yépez del Castillo Isabel et Bach Amandine (2005). « L'envoi de fonds et la féminisation des migrations internationales: quels changements dans les rapports de genre ? ». In Christine Verschuur et Fenneke Reysoo (dir.). *Genre, nouvelle division du travail et migrations. Cahiers genre et développement,* no 5, Genève, L'Harmattan, iuéd-efi, 247-256.

Ybargüen Pacheco Maria Gladys (1999). *Stratégies de formation professionnelle chez les femmes de ménage d'origine péruvienne.* Université de Genève, Mémoire de licence, Sciences de l'Education.

Annexe I :
Contexte socio-historique

Processus de clandestinisation

Dans le cadre de ce travail, l'absence d'autorisation de séjour est un déterminant essentiel de conditions de vie et de travail des femmes interviewées, comme des stratégies qu'elles développent. Or, que recouvre cette expression « être sans statut légal » ? Comment le devient-on et pourquoi cet état perdure-t-il durant des années, voire des décennies ?

Etre sans statut légal, ou le devenir, implique de ne pas – ou de ne plus – avoir d'autorisation de séjour. Cette situation est provoquée par :

- le fait de provenir du « deuxième cercle », c'est-à-dire d'un pays hors de l'Union Européenne (UE) et de l'Association Européenne de Libre Echange (AELE) et, par conséquent, de ne pas pouvoir, dans le cadre de la Loi sur les étrangers (LEtr), obtenir une autorisation de séjour, quels que soit la situation et/ou ou le nombre d'années de résidence en Suisse. Excepté dans certains cas, sous des conditions très restrictives: qualifications professionnelles élevées et considérées comme telles par les secteurs économiques, le regroupement familial, le mariage ou l'octroi du permis B humanitaire, qui n'a d'humanitaire que le nom.
- la perte d'un permis suite à une séparation (dissolution de l'union conjugale) ; une fin, un changement de filière ou un abandon d'études ; une demande d'asile refusée ou une non-entrée en matière; une période de chômage, ou de recours à l'assistance publique, jugée trop longue par les autorités.
- enfin, les personnes qui se trouvent dans la procédure de regroupement familial (par exemple, conjoint·e avec autorisation de séjour

ou suisse), sont de manière provisoire[65], sans statut légal (celles-ci possèdent une attestation officielle indiquant que des démarches sont en cours).

Par ailleurs, on peut naître sans statut légal, cette caractéristique se transmettant au niveau législatif des parents aux enfants. En Suisse, c'est en effet le droit du sang qui prime sur le droit du sol.

Jusqu'en 1970, il existait un système de *quota* par entreprise, que celles-ci ne pouvaient pas dépasser. A partir de cette date, ce système s'est transformé en limitation du nombre de personnes étrangères pour l'ensemble du pays. La Loi sur le Séjour et l'Etablissement des Etrangers (LSEE) réglait les conditions d'octroi d'une autorisation de séjour, quel que soit le pays de provenance.

A partir de 1991, la Suisse entérine le « modèle des trois cercles ». Dans le premier, se trouvent les travailleuses/eurs provenant de l'Union européenne (UE) et de l'Association européenne de libre-échange (AELE) ; dans le deuxième, celles et ceux originaires du Canada, des Etats-Unis et du Japon ; enfin, le troisième regroupe celles et ceux provenant du « reste du monde ». En 1998, ce modèle est remplacé par celui dit « des deux cercles », c'est-à-dire que le deuxième et le troisième ne forment plus qu'un cercle.

Conséquence de cette politique migratoire, la présence de personnes sans autorisation de séjour s'est accrue durant les années 90'. C'est-à-dire que nombre de ressortissant·e·s ne pouvaient plus obtenir une autorisation de séjour, même si elles/ils possédaient un contrat de travail ou une promesse d'emploi. Dès

---

[65] Les conditions de regroupement familial pour les personnes extra-européennes se sont considérablement durcies depuis l'introduction de la LEtr. En conséquence, il arrive que certains membres d'une même famille possèdent une autorisation de séjour et d'autres pas.

l'introduction en 2002 de l'Accord sur la Libre-Circulation des Personnes (ALCP), cette politique binaire s'est renforcée. La Loi sur les Etrangers (LEtr), entrée en vigueur au 1er janvier 2008, a cristallisé cette position.

Ces lois migratoires fabriquent de toutes pièces une absence de statut à moyen et à long terme, voire à perpétuité. Les pays occidentaux en général, et la Suisse en particulier, n'ont guère pris la mesure des conséquences de cette situation.

Précisions terminologiques

Il existe une distinction entre les personnes sans statut légal et celles qui travaillent au noir. Celles-ci sont dans leur très grande majorité suisses ou possèdent une autorisation de séjour et ne déclarent pas une partie de leurs revenus. Les personnes sans statut légal travaillent en grande partie au noir. Elles ne sont pas déclarées aux assurances sociales de base, ne payent pas d'impôts et, de ce fait, ne bénéficient d'aucune protection sociale. Une partie d'entre elles sont « au gris », car elles sont déclarées et de ce fait, cotisent aux assurances sociales de base : les assurances vieillesse et survivant (AVS), invalidité (AI), perte de gain (APG), chômage (AC), maternité (Amat), contre les accidents professionnels (LAA). Ainsi, elles ont accès à certaines de ces prestations sociales (excepté l'AC et l'APG) et ont droit aux allocations familiales et de naissance. Certaines d'entre elles payent également des impôts.

Si l'accès aux assurances sociales et aux prud'hommes (tribunaux du travail) sans risque de dénonciation est possible pour les travailleuses/eurs sans statut légal en Suisse romande, dans plusieurs cantons en Suisse alémanique celui-ci est ardu, voire impossible.

L'émergence de Collectifs, la proposition du Conseil d'Etat genevois, et la difficile régularisation[66]

Depuis 2001, plusieurs Collectifs, dont le Collectif de Travailleuses et de Travailleurs Sans Statut Légal (CTSSL) et de migrant·e·s, comme de soutien aux sans-papiers, se sont créés en Suisse. A Genève, les actions de ces différents collectifs ont donné une visibilité aux travailleuses et travailleurs sans statut légal. Les informations recueillies par plusieurs syndicats (Sit, 2004) ont participé à visibiliser et à préciser cette réalité: la majorité d'entre elles sont des femmes, deux tiers proviennent de l'Amérique latine, la moyenne d'âge est d'environ 32 ans, une majorité de la population est célibataire, plus d'un tiers des célibataires de sexe féminin sont mères cheffes de famille, plusieurs centaines d'enfants vivent avec leurs parents ou avec leur mère, un tiers des enfants se trouvent à Genève, alors que les deux autres tiers sont resté·e·s dans le pays d'origine.

Parallèlement, différentes études ont été mandatées afin de mieux connaître cette réalité. Au niveau cantonal genevois, une commission d'experts « sans-papiers » (2004) a remis un rapport au Conseil d'Etat. Celui-ci insiste sur la nécessité d'une régularisation, plus appropriée qu'une éventuelle ouverture du contingent pour les ressortissant·e·s extra-communautaires. Ce rapport préconise de régler « hors-contingentement » et de manière globale les conditions de séjour et de travail. Une autorisation de travail devrait alors être délivrée en cas de respect des Conventions Collectives de Travail et des dispositions légales. Par ailleurs, ce rapport souligne l'importance de séparer la problématique du travail au noir de celle des personnes sans statut légal. Il relève que l'attrait de l'emploi

---

[66] Une partie de ce passage « Les collectifs et la proposition du Conseil d'Etat genevois » et « le rapport de l'Office Fédéral des Migrations (ODM) » est inspirée d'un texte collectif que j'ai rédigé au nom du Collectif du 14 juin et présenté au Forum Social Suisse en juin 2005.

clandestin ne diminuera que si une politique publique en faveur d'un dispositif d'accueil préscolaire est mise sur pied.

Le Conseil d'Etat genevois reconnaît que la nature du problème est avant tout économique et que la législation actuelle en matière de migration ne peut pas y répondre. Dans ce contexte, le 19 janvier 2005, celui-ci dépose une proposition auprès du Conseil fédéral en faveur d'une régularisation exceptionnelle et unique des travailleuses et travailleurs du secteur de l'économie domestique, sous certaines conditions[67]. Il reconnaît que cette situation, source d'abus, est inacceptable, et que celle-ci engendre un manque à gagner pour les assurances sociales. Selon lui, cette situation doit être résolue d'une manière qui garantisse qu'elle ne se reproduira plus. Cette proposition démontre la prise de conscience des autorités envers le travail effectué par les femmes sans statut légal et des besoins auxquels celui-ci répond. Elle concerne « les personnes au bénéfice d'un contrat de travail dont le seul problème est celui de la légalité du séjour et du travail et non pas de travailleuses et de travailleurs au noir *stricto sensu*, de requérant·e·s d'asile débouté·e·s en voie d'expulsion, de requérant·e·s d'asile sans passeport dont le renvoi n'est pas possible ou encore de délinquant·e·s. »[68]. Par ailleurs des salaires minimaux seraient fixés et les contrôles sur les conditions de travail et les assurances sociales plus fréquents.

L'IMES a présenté fin 2004 les résultats d'une recherche, mandatée par le Département fédéral de justice et police, sur la population sans statut légal. Celle-ci évalue, à partir d'estimations faites dans 6 cantons, à 90'000 le nombre de personnes sans statut légal vivant en Suisse. Bien que ce chiffre soit sans doute sous-évalué, cette recherche a néanmoins le mérite de soulever la question

---

[67] A cette époque, 1583 dossiers ont été déposés par les syndicats, ce qui représentait, avec les partenaires et les enfants, 3395 personnes.
[68] Citation tirée du communiqué de presse du 19 janvier 2005 du Conseil d'Etat genevois.

à un niveau national et de préciser qui sont ces personnes et dans quel secteur d'activité elles travaillent.

La demande de régularisation du gouvernement genevois auprès du Conseil fédéral est restée sans réponse. Il demeure, à l'heure actuelle, et malgré le durcissement du contexte politique, à construire un rapport de force afin que la nécessité d'une régularisation soit admise par un grand nombre de cantons.

En septembre 2006, le oui massif à la Loi sur les Etrangers (LEtr) et la Loi sur l'asile (LAsi) a généré une discrimination accrue envers les migrant·e·s hors de l'UE et de l'AELE. L'entrée en vigueur de ces lois, au 1er janvier 2008, ainsi que de la Loi sur le Travail au Noir (LTN), a fortement péjoré les conditions de vie et de travail des personnes sans statut légal. Si nous avons pu observer une augmentation de travailleuses domestiques déclarées aux assurances sociales à partir de 2006 – les personnes employeuses ayant anticipé l'introduction de la LTN et interprété celle-ci comme un signal favorable à une déclaration – une part importante des employées sans statut légal a également été licenciée.

Avoir une assurance-maladie, pour les adultes, reste problématique malgré la directive de l'Office Fédéral des Assurances Sociales de décembre 2002. Celle-ci indique que l'affiliation à la Loi fédérale sur l'assurance-maladie (LAMal) doit être possible pour toutes les personnes, quel que soit leur statut. Néanmoins, le coût des primes et l'absence de subventionnement, dans la plupart des cantons, rendent l'accès difficile. Cette situation est particulièrement problématique pour les personnes qui souffrent de maladie chronique et/ou qui nécessitent un traitement coûteux.

A cela s'ajoute un nombre croissant de jeunes entre 15 et 18 ans qui ne peuvent plus suivre de formation, même si une brèche toute relative s'est ouverte en 2011 par l'accès facilité aux apprentissages. Celui-ci nécessite cependant que la famille du / de la jeune ait déposé une demande d'autorisation de séjour. Dans les faits, les conditions d'accès sont drastiques. La fragmentation du parcours migratoire – et de ce fait, scolaire – de certain·e·s d'entre elles et eux ne facilite guère l'entrée dans une école du post-obligatoire, telle que le collège, l'école de commerce ou l'école de culture générale. Dans ce contexte, pour les parents qui émigrent avec leurs enfants, ou qui les font venir une fois leur situation « stabilisée », la possibilité de leur offrir un « futur meilleur » est sérieusement mise à mal.

Le chèque-service

En janvier 2004, un dispositif appelé chèque-service a été introduit par le Conseil d'Etat genevois, dans le but de faciliter l'affiliation des personnes travaillant dans le secteur de l'économie domestique (appelé également emplois de proximité) aux assurances sociales. Cette introduction est un progrès pour les personnes sans statut légal. Elles peuvent ainsi cotiser aux assurances sociales de base et, de cette manière, être « au gris ». Il subsiste néanmoins quelques zones d'ombre. La répartition des charges sociales, dans la pratique, est laissée au bon vouloir des personnes employeuses. En effet, les charges peuvent être mises entièrement à la charge de l'employée, de l'employeuse, ou partagées. A cela s'ajoute un pourcentage de charge administrative, pour le suivi des affiliations et des salaires. Plus grave, avec l'introduction, au 1er janvier 2008, de la Loi sur le travail au noir (LTN), les données relatives aux travailleuses domestiques, comme aux personnes employeuses, pourraient être transmises aux autorités. Selon certaines personnes sans statut légal, l'introduction du chèque-service permettrait avant tout de régulariser les personnes employeuses[69]. Les

---

[69] Les pratiques concernant les possibilités de régularisation des employées domestiques varient fortement d'un pays à l'autre. En Espagne, les personnes employeuses ont l'obligation légale de demander un permis de résidence pour les employées à demeure (Oso, 2002).

employées de maison peuvent également être déclarées directement auprès des caisses cantonales de compensation, évitant ainsi une charge administrative.

... et le mouvement féministe

Le mouvement féministe à Genève, principalement au travers du Collectif du 14 juin[70], s'est rapidement senti solidaire des travailleuses domestiques sans statut légal. Le thème de la journée internationale des femmes 2003 était celui des femmes migrantes avec comme slogan « Femmes d'ici, femmes d'ailleurs, même sol, mêmes droits». La préparation a été l'occasion de rencontrer le groupe femmes du Collectif de Travailleuses et Travailleurs Sans Statut Légal (CTSSL), différents groupes, associations et de réfléchir à la manière de préparer cette journée. Après cette mobilisation, nous avons continué à nous rencontrer de manière régulière.

Cette réflexion a été approfondie, le 14 juin de la même année, par un séminaire organisé par le Collectif du même nom, intitulé « Qui fait quoi dans un ménage et à quel prix »[71]. Dans ce cadre, le groupe femmes du CTSSL a également présenté les résultats d'une enquête (Gallego, 2004) qu'elles avaient elles-mêmes effectuée auprès de femmes sans statut légal. Cette journée a soulevé bien des questions et nous avons décidé de poursuivre cette réflexion sous la forme d'un groupe de travail *Solidarité avec les femmes sans statut légal,* qui s'est réuni jusqu'en 2008.

---

[70] Le 14 juin 1991 est la date d'une historique grève nationale des femmes, en Suisse (cf. ci-après *Le 14 juin 2011*).

[71] Nous étions quelques féministes, de différentes générations et tendances, à être dans le comité d'organisation. Cette préparation a été l'occasion de moments d'échange riches, de confrontation d'idées et de complicité. Au niveau personnel, cette journée a eu plusieurs impacts : réflexion sur les liens entre féministes de différentes générations ; la transmission des savoirs et des savoir-faire ; la reconnaissance que le travail domestique était un des nerfs de la guerre. La nécessité de poursuivre ce processus a été un moteur pour mon engagement militant et a participé à la décision de m'inscrire dans un 3ème cycle en Etudes Genre.

Par la suite, nous avons rédigé, conjointement avec des femmes du CTSSL, un texte intitulé « Appel pour le partage du travail entre femmes et hommes, pour la régularisation collective des personnes sans statut légal ». Ce texte a été remis au Conseil d'Etat genevois fin avril 2004. Il a été signé par une cinquantaine de mouvements, d'associations et de syndicats. Il aborde dans une perspective féministe différentes facettes de l'externalisation du travail domestique : les conditions de vie et de travail extrêmement précaires des employées de maison sans statut légal, l'asymétrique répartition du travail domestique entre femmes et hommes, ainsi que la pénurie patente d'infrastructures, telles que les crèches, les manques de soins à domicile pour les personnes âgées et/ou dépendantes. Enfin, l' « Appel » dénonçait le durcissement des lois migratoires et l'impossibilité d'obtenir une autorisation de séjour pour l'écrasante majorité des migrant·e·s.

Nous avons participé au Forum Social Suisse qui s'est tenu à Fribourg en juin 2005, présence conjointe avec des femmes du CTSSL, tant à la table ronde sur les questions migratoires que lors de l'animation d'un atelier. Lors des Etats Généraux de la Migration, en décembre 2005 à Berne, nous avons également présenté un atelier sur les questions de la féminisation de la migration, le secteur de l'économie domestique, ainsi que le renforcement des discriminations spécifiques à l'encontre des femmes dans la Loi sur les Etrangers (LEtr) et la Loi sur l'asile (LAsi), mise en exergue qui a été insérée à l'argumentaire de la campagne référendaire.

En 2006, différentes sollicitations – notamment la présentation de notre réflexion et de nos actions dans le cadre de performances créées par des étudiant·e·de l'Ecole Supérieure d'Arts Visuels (ESAV), comme l'animation d'un atelier sur cette thématique lors au 10ème congrès Femmes de Syndicat des Services Publics (SSP-VPOD) à Spiez – ont favorisé des liens avec des milieux très divers. En septembre 2007, un atelier lors des Etats Généraux sur l'asile et la migration à Berne, a permis de renforcer une collaboration avec des mouvements de toute la Suisse.

Toujours en 2007, nous avons publié un manifeste d'employeuses dans différents journaux édités en Suisse romande, signé par une soixantaine de femmes. Celles-ci affirmaient ainsi publiquement leur recours à des travailleuses domestiques sans statut légal et la nécessité d'une régularisation.

Début 2008, dans le cadre du 2ème Carrefour de la Solidarité, organisé par la Fédération genevoise de coopération, *La migration, dernière chance au développement?*, notre groupe est également intervenu. Lors de la semaine des migrant·e·s, en septembre 2008, en collaboration avec Métis'Arte, la mise sur pied d'une performance théâtrale de rue, jouée à plusieurs reprises, a rappelé le travail indispensable que ces femmes effectuent, leur multiples invisibilités, leurs conditions de vie et de travail et la nécessaire régularisation.

En avril 2009, la réflexion et les actions menées dans le cadre du groupe *Solidarité avec les femmes sans statut légal* ont été présentées au Forum international organisé à Paris par le RAJFIRE (Réseau pour l'autonomie des femmes immigrées et réfugiées) sur le thème « Femmes migrantes et exilées: solidarités et actions ». Cette rencontre a permis de rencontrer des Collectifs et des associations italiennes, belges et françaises, et de présenter à un public européen la situation des migrantes sans statut légal en Suisse.

Le 14 juin 2011

En Suisse, le 14 juin 1991, le jour du 10e anniversaire de l'acceptation de l'article constitutionnel sur l'égalité des droits, l'Union syndicale suisse a convoqué une grève nationale des femmes : « Les femmes bras croisés, le pays perd pied ». Un demi-million de femmes (soit 1 sur 4) ont manifesté. Elles dénonçaient les inégalités persistantes entre femmes et hommes et l'absence de mesures concrètes.

Vingt ans plus tard, le 14 juin 2011, une journée nationale d'actions et de revendications a été mise sur pied, appelant les femmes et les hommes solidaires à se mobiliser contre les inégalités persistantes et à revendiquer une égalité réelle (www.14juin2011-ge.ch). Ce jour-là, de nombreuses manifestations, actions et mobilisations ont eu lieu dans toute la Suisse.

Concernant le secteur de l'économie domestique, le collectif a réitéré la nécessité d'une régularisation collective des personnes sans statut légal, dont la plupart sont des travailleuses domestiques, ainsi que l'amélioration des conditions de travail dans ce secteur. Nous avons également revendiqué la ratification rapide par la Suisse de la convention 189 sur le travail domestique[72] *Pour un travail décent.*

Au matin du 14 juin, nous avons organisé une action de soutien aux travailleuses de l'économie domestique. Nombre de délégations internationales d'employées de maison étaient présentes à Genève pour l'adoption de la convention. Lors de cette manifestation, plusieurs d'entre elles ont pris la parole. Avec elles, nous avons également organisé une soirée de débats et d'échanges autour des stratégies d'organisation et d'action.

---

[72] La convention est entrée en vigueur le 5 septembre 2013, étendant les droits fondamentaux du travail aux travailleurs domestiques dans le monde entier. La Suisse l'a ratifié le 12 juin 2014.

La campagne nationale « Aucune employée de maison n'est illégale »

Au mois de mars 2013, l'association « Valoriser le travail domestique – régulariser les sans-papiers » dont font partie une trentaine d'associations, de syndicats et d'œuvres d'entraide – a lancé la campagne nationale « Aucune employée de maison n'est illégale » (www.aemni.ch). La pétition *Plus de droits pour les employées de maison* – qui fut un instrument de sensibilisation central durant cette année de campagne – revendique un réel accès aux assurances sociales et aux juridictions des prud'hommes dans toute la Suisse, ainsi que la régularisation des personnes sans statut légal, avec une attention particulière envers celles qui travaillent dans le secteur de l'économie domestique.

Dans plusieurs cantons, des actions de sensibilisation auprès de différents publics ont été mises sur pied (performances théâtrales, lectures publiques, tables rondes, stands, projections de films, notamment). Finalement, 21'875 personnes ont signé la pétition adressée au gouvernement fédéral. Nous l'avons remise au Conseil Fédéral le 5 mars 2014. Affaire à suivre.

Annexe II :
Canevas d'entretien

Données générales : âge, pays d'origine, état civil, enfant(s), formation, nombre d'années en Suisse.

Dans combien de lieux travaillez-vous ? Chez des femmes seules, des hommes seuls, des couples ? Le nombre de lieux fluctue-t-il selon les saisons ? Les horaires sont-ils négociables ?

Comment rencontrez-vous/avez-vous rencontré les personnes employeuses (contact informel, annonce, réseau) ? Comment se passe la première rencontre ? Est-ce que vous accompagnez des collègues sur leurs lieux de travail et *vice versa* (par exemple, lors de la première rencontre ou pour raccourcir le temps de travail) ? Dans quelle mesure faites-vous des remplacements (comment s'est passé votre dernier remplacement) ?

Existe-t-il un contrat de travail (écrit/oral) ? Que contient-il de manière générale ? Que comprend le dernier contrat de travail établi ? Avez-vous la (les) clé(s) de la (des) maison(s) ?

Comment êtes-vous payée (chaque fois, à la fin du mois, de main à main, dans une enveloppe) ? Comment se négocient le salaire et son éventuelle augmentation (avez-vous négocié votre dernier salaire) ? En cas de retard de payement, que faites-vous ?

Quelles relations avez-vous avec les personnes employeuses ? Quelle est la manière dont on s'adresse à vous (tu/vous) et *vice versa* ? Est-ce que vous avez un retour sur le travail fait ? Quelles sont vos attentes face à une (bonne) personne employeuse ? Quels sont les conflits qui peuvent surgir ? Quel est le dernier conflit que vous avez vécu ?

Que veut dire le terme « quelques heures de ménage » ? Le ménage est-il associé à la garde d'enfant(s) ? Quelles tâches sont regroupées sous cette expression (repassage, nettoyage, préparation des repas au quotidien, lessive, changer les draps, faire les courses, activités avec les enfants) ?

Comment sont données les instructions (par écrit, par oral, commentées ensemble ou non) ? Le travail est-il effectué en présence ou en absence de la personne employeuse et/ou d'autres membres de la famille ? Que représente pour vous le fait de pouvoir s'organiser, de décider de l'ordre des tâches ? Qu'est-ce qui changerait si ce n'était pas le cas ?

Les personnes employeuses savent-elles que vous êtes sans autorisation de séjour ? Cette information a-t-elle été – ou est-elle utilisée – comme menace ou pour justifier vos conditions de travail/votre revenu ? Donnent-t-elles l'impression de s'intéresser / de connaître vos conditions de vie ?

Avez-vous l'impression de remplacer le travail de la femme ou de l'homme (chez les couples) ? Comment vivez-vous cette délégation du travail domestique ? Avez-vous l'impression que ce serait à la femme de faire ce travail ? Savez-vous qui (des deux partenaires) vous paye, sur quel salaire est prélevé votre revenu ?

Comment vivez-vous le fait de travailler dans l'intimité d'autres personnes (chez eux) ? Faites-vous également du nettoyage en entreprise (bureaux) ? Que préférez-vous ?

Eprouvez-vous parfois du dégoût sur vos lieux de travail (degré de saleté…) ? Auriez-vous parfois envie de dire non, de refuser certaines tâches/de quitter certains lieux de travail ?

Avez-vous du temps libre ? Dans quelle mesure pouvez-vous vous projeter dans le futur (anticiper un projet dans une semaine) ? Que faites-vous dans le temps libre ? Qu'aimeriez-vous faire ? Quelle est la première chose que vous faites en sortant d'un lieu de travail ?

Comment vivez-vous le fait d'effectuer ce travail ? Aviez-vous une employée dans votre pays d'origine ? Comment valorisez-vous, pour vous-même, le travail que vous faites ? Comment pourrait-il être mieux valorisé par les personnes qui vous emploient ? Autour de vous, parlez-vous de votre travail ? Les personnes savent-elles que vous travaillez dans ce secteur ?

Quelles sont les similarités et/ou les différences entre le travail effectué chez vous et chez les autres ? Qu'est ce qui change quand vous êtes payée pour le faire ? Mettez-vous de l'ordre de la même manière ? Les niveaux d'exigence sont-ils les mêmes ? Les tâches ménagères suscitent-elles parfois des conflits avec les personnes avec lesquelles vous vivez (différents niveaux d'exigence) ?

Quelle est la part de l'argent gagné envoyée au pays ? A qui, pour quel engagement ? Qui garde votre/vos enfant(s) resté(s) à la maison ou au pays ? De quelle manière rémunérez-vous la/les personne(s) qui le(s) prend(nent) en charge ?

Annexe III :
Analyse de contenu, logiciel et présentation de codes

Au niveau méthodologique, j'ai effectué une analyse de contenu classique, avec des catégories et des indicateurs. La terminologie utilisée par le logiciel *Atlas.ti*, est celle de famille (pour catégorie) et de code (pour indicateur).

Dans mon cas, l'apprivoisement de ce logiciel et l'analyse des données sont allés de pair. Quels codes répondent aux questions et hypothèses de départ ? Quels sont les liens entre eux (imbrication, succession) et à quelle réalité font-ils référence ? Quelles sont les structures de discours sous-jacentes ? En effet, en partant du présupposé théorique (Bardin, 2003 [1977]) que le découpage en codes dévoile des liens et que ceux-ci se retrouvent avec une certaine systématicité dans les entretiens, la manière dont ils s'articulent permet d'inférer sur une réalité sous-jacente, réalité qui n'émerge pas, *a priori,* à la lecture de ces entretiens.

La fréquence et la manière dont les codes se suivent ou se précèdent, ainsi que leur imbrication, fournissent une base à l'interprétation. C'est-à-dire comment les citations se référant à tel ou tel code sont-elles suivies, ou précédées, par d'autres codes. Certaines de ces structures confirment ou infirment des hypothèses de départ et des questionnements apparus au cours de la recherche. Bien sûr, le nombre restreint d'entretiens ne se prête à aucune généralisation. Pour cela, il aurait été nécessaire de pouvoir tester des hypothèses de structure de discours sur plusieurs dizaines d'entretiens. Néanmoins, dans une visée exploratoire, cela donne quelques indications sur ce qui mériterait d'être approfondi dans une recherche de plus large ampleur.

Présentation de la grille d'analyse : les codes et les familles

La grille d'analyse a subi plusieurs modifications, en lien, d'une part, avec l'évolution de la réflexion théorique et, d'autre part, avec la conduite des entretiens. En effet, certaines catégories d'analyse et leurs dimensions se révèlent essentielles, alors que d'autres apparaissent comme secondaires.

Cette grille est formée de quatre familles qui sont au cœur de cette problématique
- Sans statut légal ;
- Travail domestique ;
- Circularité/Transfert ;
- Appropriation (corps-machine-à-faire-le travail)[73].

Je vais présenter chacune de ces familles et l'illustrer par un code. Les catégories ne sont pas homogènes, certaines contiennent plus de codes que d'autres. Par ailleurs, les codes, davantage que les catégories, font sens. A noter également que la plupart d'entre eux sont constitués de deux termes, qui ne sont pas à considérer comme antagoniques mais comme des éléments à mettre en rapport.

Différents codes permettent d'accéder à la catégorie **Sans statut légal**, tels que les conditions de travail relatives à l'absence de statut ; les parcelles d'autonomie qui se construisent dans le cadre du travail ; les processus de comparaison ; l'évolution des conditions de vie et de travail ; l'existence ou non du temps libre ; les différentes modalités que peuvent prendre les abus.

---

[73] Guillaumin (1992 [1978]).

Exemple de code

Comparaison/stratégie

Les employées de maison utilisent différents processus de comparaison : avec le pays d'origine, avec des personnes dont le parcours migratoire s'est moins bien déroulé que le leur, comme avec leurs conditions de vie et de travail initiales. Ces processus de comparaison font partie de stratégies que les employées de maison construisent, afin de mieux pouvoir se situer, notamment dans leur trajectoire migratoire.

Les principaux codes qui permettent d'accéder à la catégorie **Travail domestique** sont les suivants: les modalités de délégation existantes, la relation aux personnes employeuses, les manières de s'organiser sur le lieu de travail, l'acquisition d'une expérience de travail, les indicateurs de la hiérarchie entre employées de maison et personnes employeuses, les limites posées dans le cadre du travail, les remarques et les observations sur le travail effectué.

Exemple de code

Organisation/autonomie

Les employées de maison s'organisent selon diverses modalités, que ce soit sur leur lieu de travail, dans l'ordre et la manière d'effectuer les tâches, ou entre les différents lieux de travail, afin d'optimiser le temps à disposition.

Les codes suivants construisent la catégorie **Circularité/Transfert** : la manière dont s'effectuent les premières interactions avec les personnes employeuses, les échanges – d'informations, de travail – entre employées de maison, comme entre employées et employeuses.

Exemple de code

Echanges/réseau

Les formes d'échange entre employées de maison se situent à plusieurs niveaux (travail, information, coups de main). Ces échanges permettent, notamment, d'avoir accès à de nouvelles opportunités et/ou de pouvoir bénéficier de recommandations. Celles-ci ont une grande incidence sur les futures conditions de travail, telles que le degré de confiance, le salaire.

Quant à la catégorie **Appropriation,** ou pour reprendre l'expression de Guillaumin (1992 [1978]), le « corps-machine-à-faire-le-travail », elle est composée des codes suivants : les représentations sur la manière dont se répartit le travail domestique entre femmes et hommes, les représentations d'une répartition égalitaire ; la manière dont les employées de maison ont été socialisées à effectuer le travail domestique salarié ou non.

Exemple de code

Répartition/représentation

Les représentations, que les employées de maison possèdent de la répartition des tâches domestiques entre femmes et hommes dans l'espace conjugal, fournissent des indications sur la manière dont elles conçoivent leur travail.

Questions de codification

Les entretiens ont été codifiés une première fois. Pour éviter de trop grandes disparités, j'ai revu une deuxième fois le codage des entretiens, ce qui a permis d'homogénéiser la codification du *corpus*. En effet, certains « glissements » de codes sont apparus entre le premier et le dernier entretien. Au total, 2338 citations ont été codées.

Dans un premier temps, la fréquence d'apparition des codes, par entretien, est un indicateur intéressant. J'ai pris en compte les codes qui apparaissent au moins dans 5 entretiens. Le nombre de codes a alors été réduit à 30, ce m'a permis d'éviter de tomber dans le particularisme. Le chiffre, entre parenthèses, indique la fréquence d'apparition de ce code dans la totalité des citations (2338). Certains codes sont présents dans moins de 5 entretiens, néanmoins ils ne pouvaient que difficilement être dissociés d'autres codes proches. Il s'agit des codes suivants : expérience/résistance; égalité/représentation. C'est pour cette raison que les codes présentés sont au nombre de 32.

En voici la liste par ordre d'importance :

Conditions(T)/clando (345) ; situationnel/invisibilité (336) ; échanges/réseau (158); dist-prox/liens (117) ; évolutif/temps (97) ; origine/clando (92) ; comparaison/stratégie (90) ; organisation/autonomie (87) ; délégation/invisibilité (84) ; argent/autonomie (83); conditions(T)/autonomie (72) ; limites/résistance (66) ; négociation/liens (65) ; répartition/représentation (62) ; abus/SSL (62) ; libre/temps (54) ; philo/résistance (50) ; connaissance (SSL)/invisibilité (43) ; sa propre invisibilité (43) ; *feedback/*invisibilité (41) ; contacts/Euses (39) ; conflits/liens (35) ; hiérarchie/liens (33) ; affirmation/se faire respecter (32) ; enfants au pays (31) ; valorisation/TD (30) ; répulsion/invisibilité (27); réseau/ Eée-Eeuse (16) ; apprentissage/invisibilité (15) ; peur/clando (12) ; expérience/résistance (9) ; égalité/représentation (7).

Définition des codes

Sans statut légal

Abus/SSL

Indique la présence d'abus et/ou de menaces liés à l'absence d'autorisation de séjour.

Argent/autonomie

Affectation de l'argent gagné, dans le pays de réception et dans le pays d'origine, comme du montant de la somme.

Comparaison/stratégie

Stratégies de comparaison utilisées pour se situer en terme de conditions de vie et de travail, entre soi et soi ou entre d'autres et soi.

Conditions(T)/autonomie

Parcelles d'autonomie construites dans le cadre de leur travail, manières de s'organiser, d'accepter ou de refuser certaines tâches.

Conditions(T)/clando

Indique les conditions de travail des employées de maison.

Enfants au pays

Enfants resté·e·s au pays, de manière temporaire ou durable.

Evolutif/temps

Amélioration ou péjoration des conditions de travail et de vie, notamment au niveau du durcissement des possibilités pour trouver du travail.

Libre/temps

Activités effectuées en dehors du temps de travail.

Origine/clando

Dimensions qui se réfèrent à leur vécu dans leur pays d'origine (situation familiale, historique familiale, éducation et situation professionnelle dans le pays d'origine).

Peur/clando

Etat d'anxiété et de peur qui découlent de l'absence d'autorisation de séjour.

Philo/résistance

Différentes formes de philosophies de vie qui permettent de mieux supporter les difficultés rencontrées ou la situation actuelle.

Travail domestique

Affirmer/se faire respecter

Modalités pour négocier le cadre de travail dans lequel les employées de maison évoluent. Elles participent à sa construction en indiquant – de manière implicite ou explicite – ce qu'elles veulent ou non, ce qu'elles admettent ou pas.

Conflits/liens

Conflits qui surgissent dans la relation entre employées de maison et personnes employeuses (manière de faire, manière d'être, conditions de travail).

Connaissance (SSL)/invisibilité

Connaissance des personnes employeuses, de manière implicite ou explicite, de la situation d'absence d'autorisation de séjour des employées de maison.

Délégation/invisibilité

Façon dont les tâches déléguées sont définies par les personnes employeuses.

Dist-prox/liens

Moyens dont les employées de maison rétablissent la distance envers les personnes employeuses.

Expérience/résistance

Expérience acquise par les employées de maison qui leur permet de négocier, de s'affirmer et de résister aux abus de pouvoir.

Feedback/invisibilité

Commentaires et remarques des personnes employeuses sur le travail effectué.

Hiérarchie/liens

Indicateurs de la hiérarchie existante entre employées et employeuses. Ils peuvent être appréhendés dans la manière de se nommer mutuellement ou dans les rapports de pouvoir qui peuvent découler de l'externalisation du travail domestique.

Limites/résistance

Manières dont sont posées des limites, de manière implicite ou explicite. Elles participent à l'élaboration d'alternatives relatives aux lieux de travail.

Négociation/liens

Négociations entre employées de maison et personnes employeuses. Elles révèlent la diversité des relations entre les unes et les autres.

Organisation/autonomie

Manière dont les employées de maison s'organisent sur leur lieu de travail ou entre différents lieux de travail.

Répulsion/invisibilité

Confrontation à des lieux de travail, ou à des tâches, qui engendrent la répulsion, comme à des situations d'intimité forcée.

Sa propre invisibilité

Façon dont les employées de maison effectuent leur travail ménager en opposition au travail domestique rétribué.

Situationnel/invisibilité

Description de différents lieux de travail. Elle permet d'accéder à la manière dont les femmes sans statut légal se représentent leur travail. Elle indique les tentatives – au niveau du langage – pour accéder à l'invisibilité du travail domestique.

Valorisation/ (TD)

Indique les conditions de travail – conditions salariales, protection sociale – et les stratégies d'aménagement qui valorisent le travail domestique.

Circularité/Transfert

Contact/Euses

Premières interactions entre employées et personnes employeuses. Elles permettent de cerner la relation entre les unes et les autres. Celle-ci va souvent de pair avec la connaissance, implicite ou explicite, de leur absence d'autorisation de séjour.

Echanges/réseau

Les liens qui existent entre les travailleuses domestiques, les formes d'échange entre celles-ci, à plusieurs niveaux (travail, information, coups de main). Ces échanges permettent, notamment, d'avoir accès à de nouvelles opportunités et/ou de pouvoir bénéficier de recommandations. Celles-ci ont une grande incidence sur les futures conditions de travail, telles que le degré de confiance, le salaire.

Réseau Eée-Euse

Indique les échanges d'informations entre employées et personnes employeuses.

Appropriation (corps-machine-à-faire-le travail)[74]

Apprentissage/invisibilité

Apprentissages et compétences que les employées ont acquis de par leur socialisation. Ceux-ci favorisent leur travail dans le secteur de l'économie domestique.

Egalité/représentation

Manière dont les travailleuses domestiques parlent de l'égalité parmi les couples chez lesquels elles travaillent. Ce code fournit des indications sur leurs représentations de l'égalité et l'aune à laquelle elles évaluent les pratiques observées.

Répartition/représentation

Les représentations, que les travailleuses domestiques possèdent de la répartition des tâches domestiques entre femmes et hommes dans l'espace conjugal, fournissent des indications sur la manière dont elles conçoivent leur travail.

---

[74] Guillaumin (1992 [1978]).

More Books!

Oui, je veux morebooks!

I want morebooks!

Buy your books fast and straightforward online - at one of the world's fastest growing online book stores! Environmentally sound due to Print-on-Demand technologies.

Buy your books online at
www.get-morebooks.com

Achetez vos livres en ligne, vite et bien, sur l'une des librairies en ligne les plus performantes au monde!
En protégeant nos ressources et notre environnement grâce à l'impression à la demande.

La librairie en ligne pour acheter plus vite
www.morebooks.fr

VDM Verlagsservicegesellschaft mbH
Heinrich-Böcking-Str. 6-8
D - 66121 Saarbrücken
Telefax: +49 681 93 81 567-9

info@vdm-vsg.de
www.vdm-vsg.de

Printed by
Schaltungsdienst Lange o.H.G., Berlin